I0817924

Lo que se permite se repite

Lo que se permite se repite

Cómo deshacer los bucles mentales

Laura Polo Ruiz

VERGARA

Papel certificado por el Forest Stewardship Council®

Primera edición: enero de 2026

Printed in Spain – Impreso en España

ISBN: 978-84-10467-47-7
Depósito legal: B-19.560-2025

Compuesto en Llibresimes, S. L.

Impreso en Gómez Aparicio, S. L.
Casarrubuelos (Madrid)

VE 6 7 4 7 7

ÍNDICE

INTRODUCCIÓN

Cuando algo nos duele o no sale como esperábamos, solemos buscar las respuestas fuera: por qué esta persona actúa así conmigo, por qué se repiten los mismos patrones en las parejas que elijo, por qué siempre soy yo quien se adapta a los demás. Pero quizá lo que necesitamos es observar qué nos pasa a nosotros: qué permitimos y, sobre todo, por qué lo hacemos.

Lo que no comprendemos de nuestra historia tendemos a repetirlo sin darnos cuenta.

¿Cuántas veces has reaccionado de una manera desproporcionada ante una situación y no entiendes por qué?

Muchas veces lo que ocurre es que vivimos en automático, intentando sacar todo hacia delante cueste lo que cueste, sin detenernos a pensar en nosotros, en qué necesitamos, qué queremos, hacia dónde vamos y, sobre todo, qué nos merecemos. Llega un momento en el que acumulamos tantas cosas dentro, sin darnos tiempo para asimilarlas, que basta una más para que todo se desborde. Entonces creemos que la culpa es de esa última situación, pero no es así.

Imagina que tienes un vaso y lo colocas bajo un grifo abierto que nunca cierras. Cada emoción desagradable, cada tristeza, cada enfado es como una gota que cae en ese vaso. Si no lo vacías ni reconoces lo que contiene, se llena y cualquier cosa nueva hace que se desborde. Y cuando se desborda, no sale agua como en este ejemplo, sino ansiedad, tristeza, frustración... o, a veces, ira.

Eso es lo que nos pasa en muchos casos: lo que sentimos en ese momento no es solo por lo último que ocurrió, sino por todo lo que llevamos acumulando sin expresar ni procesar.

Por eso, con este libro me gustaría invitarte a mirar hacia dentro. A entender cómo lo que viviste en el pasado puede haber influido en tus decisiones en el presente, en tus heridas, en tus relaciones y en la forma en que te tratas a ti mismo. A reconocer los patrones que repites sin querer y las historias que te sigues contando incluso cuando ya no te representan. Al fin y al cabo, ¿quién pasa más tiempo contigo que tú?

Y si algo de lo que leas te remueve, no te preocupes, significa que estás tocando una parte de ti que necesitaba ser escuchada. A veces te dolerá leer ciertas cosas, porque te recordarán momentos que creías olvidados. Otras te harán sentir alivio. Pero siempre te transformará el simple hecho de darte cuenta de dónde viene lo que sientes.

No es necesario entenderlo todo de golpe. Se trata de que este sea un espacio donde puedas reconectar contigo para mirar con compasión lo que antes juzgabas, y para entender que poner límites también es una forma de amor propio. Porque, sé sincero, ¿cuánto tiempo pasas hablando contigo mismo? ¿Intentando entenderte o comprenderte? Y, sin embargo, ¿cuántas veces escuchas a los demás e intentas ayudarlos a sentirse mejor?

Este libro no busca respuestas perfectas, sino ayudarte a volver a ti.

Antes de que comiences, me gustaría contarte quién

soy. Para quienes me seguís en redes, soy Laura Polo, psicóloga; y para quienes están a punto de leerme, soy una persona que quiere ayudarte a mirarte, comprenderte y cuidarte. Es importante que entiendas algo: aunque este libro puede darte muchas pistas sobre lo que te está ocurriendo, no sustituye la terapia. Cada proceso es único, y a veces necesitamos ayuda, aunque nos cueste pedirla. Si estás en ese instante en que no sabes qué hacer, me encantaría ser parte con este libro del impulso que te ayude a tomar la decisión y dar ese primer paso. Y cuando estés leyendo, no tengas prisa. Tómate tu tiempo.

Conforme vamos creciendo, aprendemos a salir adelante, haciendo lo que podemos con lo que nos enseñaron. Nos adaptamos a lo que vivimos en la infancia y creamos creencias que nos hacen sentir seguros, no porque sean verdades absolutas, sino porque nuestra mente necesitaba organizar y explicar lo que nos ocurría. También aprendemos formas de relacionarnos que, en su momento, tenían sentido para nosotros. Pero con el tiempo, esas mismas estrategias que nos protegieron pueden convertirse en cadenas que ahora, en lugar de ayudarnos, nos lastiman.

Todo lo que vivimos de pequeños sigue con nosotros, porque es en esa etapa donde se empieza a formar nuestra **personalidad**. Esto no significa que todo lo que somos venga de ahí, pero sí influye en quienes nos convertimos. Y aunque pensemos que hay muchas personas a las que les han pasado cosas parecidas, no quiere decir que a todos nos afecten de la misma manera. De eso dependerá cómo actuemos y reaccionemos en el presente.

A veces confundimos haberlo normalizado con que sea algo normal, y no es lo mismo. Podemos pensar: «Bah, eso pasó hace muchísimo tiempo, ya lo tengo superado». Pero si aún te duele, si se te ponen los ojos llorosos, te tensas al recordarlo o al vivir una situación parecida, repites patrones similares o evitas ciertas situaciones, es una señal de que tu mente y tus emociones no lo han procesado.

Mirar hacia dentro no significa culpar a nadie, sino comprender de dónde venimos para poder elegir de manera más consciente hacia dónde queremos ir. Cuando nos vemos con sinceridad y nos tratamos con compasión, empezamos a elegir lo que realmente nos representa y eso es lo que nos ayuda a estar bien con nosotros mismos.

Es cierto, no todo lo comprenderás de golpe. A veces será necesario leer y releer, avanzar y volver atrás, hasta que poco a poco las ideas se conecten y puedas reconocer tu propio mundo interior. Pasito a pasito, recuerda que Roma no se construyó en un día. Hay que tener presente que la paciencia a veces nos juega malas pasadas y queremos todo ya, pero... ¿si subes una escalera puedes pasar del primer escalón al último? No, ¿verdad? Hay que subirlos todos, porque cada uno tiene su función; de lo contrario, puedes caerte.

Recuerda: estás aquí para escucharte, no para juzgarte.

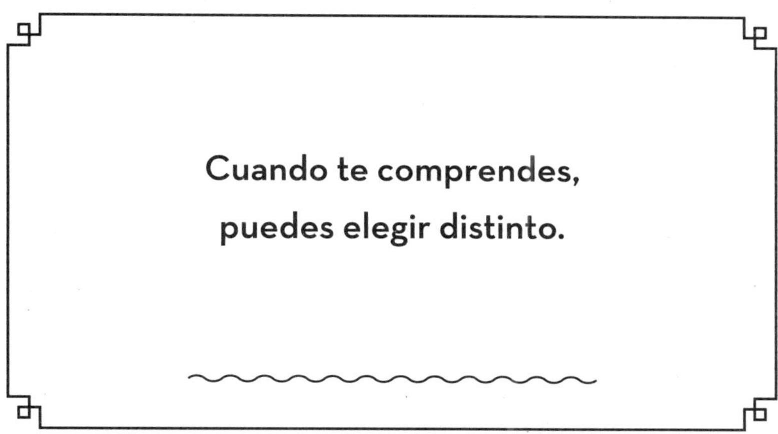

Cuando te comprendes,
puedes elegir distinto.

1

Reconociendo mi propio poder

Descubriendo quién eres

¿Y si lo que te ocurre no es que no sabes quererte, sino que te resulta imposible reconocerte? Llevas tanto tiempo intentando encajar en las expectativas de los demás, en cumplir con tu «deber» y llegar a todo que te has olvidado de ti.

Es como si tu cabeza y tu cuerpo se hubiesen desconectado tanto que, si te pregunto quién eres, ya no sabes por dónde comenzar.

Algunas señales de no reconocerte a ti mismo pueden ser adaptarte a otros para no molestar o ser una «carga», no saber poner límites, repetir vínculos que te dañan, pedir opinión a los demás o a tus vínculos más importantes cuando vas a tomar decisiones significativas, compararte con otras personas, cambiar según la persona que tengas al lado o saber cuidar a otros, pero no a ti mismo.

Reconocerte es el primer paso para volver a encontrarte.

Conocerse a uno mismo no es ser siempre coherente con lo que haces, no equivocarse nunca o gustar a todo el mundo. Conocerse es entender qué te ocurre, por qué te pasa lo que te está pasando, dejar de traicionarte a ti mismo para no sentir culpa después, escucharte antes de actuar y saber cuáles son tus cualidades, defectos y valores. Y sí, sé que parece complicado porque no nos han enseñado a mirar hacia dentro, sino hacia fuera.

Pero para llegar a conocerse de verdad, hay que pasar tiempo con uno mismo y, a veces, esto provoca sensaciones incómodas que tendemos a evitar viendo series, leyendo, corriendo, haciendo tareas de casa o escuchando música.

Porque no, no te engañes. No siempre estás contigo cuando estás solo.

Muchas personas confunden estar solas con pasar tiempo consigo mismas, cuando estar solo significa la ausencia de compañía, y estar contigo mismo, conexión interna, es decir, escuchar tus emociones, sentirte, observarte y, sobre todo, sostenerte.

Mirar hacia todo lo que llevamos años evitando no resulta cómodo, pero a veces es más urgente de lo que crees. Se trata de encender nuestra luz interna, observar qué cosas forman nuestra habitación interior y aprender a convertirla en nuestro hogar.

Descubrir quién eres te permite elegir la vida que realmente quieres.

Para conocernos o reconocernos, hablaremos de dos pilares que, para mí, son fundamentales: los valores y las cualidades. También se trata de saber cuáles son nuestras heridas, creencias o de escuchar e identificar nuestras emociones, pero de eso ya hablaremos más adelante. Los valores y las cualidades personales funcionan como una brújula: nos definen y nos ayudan a tomar decisiones de manera coherente.

Cualidades personales

Seguramente, si te preguntas cuáles son tus cualidades, te quedarías en blanco, me dirías solo tres o cuatro o mencionarías aquellas negativas, es decir, lo que consideras tus defectos.

Es natural que esto ocurra cuando, desde pequeños, la sociedad o, incluso en algunos casos, nuestras propias familias solo nos resaltaban lo que hacíamos mal, sin reconocer lo que hacíamos bien, porque «era lo que tocaba». Además, muchas veces ponemos el foco en lo que nos falta o no hacemos bien porque estamos a acostumbrados a criticarnos o machacarnos, con la intención de mejorar o evitar repetir errores.

Las cualidades son rasgos o características que te definen y te diferencian de los demás. Son recursos internos que hemos desarrollado a lo largo del tiempo y que nos ayudan a relacionarnos con los demás, enfrentarnos al mundo y desarrollarnos emocionalmente.

Identificar cuáles son nuestras cualidades nos ayuda a mejorar **nuestro autoconcepto** y, por tanto, **nuestra autoestima**. Es una manera de reconocer nuestro propio valor y de tomar decisiones más conscientes y acordes con nuestras capacidades.

Nuestras cualidades no son tan solo «cosas buenas» que tenemos como personas, sino **herramientas internas** que, si identificamos y aprendemos a manejar, nos permiten crecer en todos los ámbitos de nuestra vida.

Aquí van algunas de ellas:

- **Creatividad:** habilidad para producir ideas únicas y útiles. Por lo que identificar esta cualidad en ti te puede dar seguridad a la hora de proponer una solución en el trabajo o en un nuevo proyecto.
- **Responsabilidad:** se trata de la capacidad de identificar y admitir las consecuencias de nuestros actos, decisiones y compromisos. Reconocerla te ayuda a confiar en que puedes cumplir con tus tareas y obligaciones, ya sea en el trabajo, los estudios o la vida personal.
- **Liderazgo:** capacidad de influir de manera positiva en los demás, motivarlos y ayudarlos a conseguir sus metas. Saber que es una de tus cualidades puede ayudarte a afrontar un ascenso en el trabajo en el

que tengas a personas a tu cargo o tomar decisiones importantes.

Hay gente a la que le cuesta aceptar los cumplidos cuando le dicen que es inteligente, buena, responsable... Esto se produce por un choque interno si no tienes una buena imagen de ti mismo. «Si yo no valgo tanto..., ¿por qué me dicen esto?». El cumplido se siente como una mentira o una exageración.

Por otra parte, aceptar un cumplido es dejar que alguien te vea, y eso significa mostrar tu vulnerabilidad. Cuando tienes esa imagen tan negativa de ti mismo, puedes tener miedo de que los demás también la vean y te rechacen.

Pero, en el fondo, todo esto se debe a que sientes que no eres merecedor de lo bueno.

La mente humana, para reconocer algo, primero tiene que conocerlo, por lo que te dejaré una «chuleta» para que te sea más fácil al principio.

Tolerante	Responsable	Paciente	Honesto	Perseverante
Amable	Atento	Tolerante	Respetuoso	Único
Inteligente	Creativo	Compasivo	Empático	Humilde
Organizado	Generoso	Asertivo	Resiliente	Carismático
Líder	Cooperativo	Fiel	Leal	Flexible
Cuidadoso	Imaginativo	Comunicativo	Eficiente	Sensible
Optimista	Valiente	Buen oyente	Curioso	Responsable afectivamente
Cariñoso	Constante	Solidario	Resolutivo	Justo
Comprometido	Analítico	Coherente	Sociable	Honrado
Detallista	Puntual	Risueño	Observador	Trabajador

Una vez mencionadas las cualidades, para que identifiques mejor las tuyas y veas que en realidad son **herramientas internas que nos ayudan en nuestro día a día,** te voy a explicar la siguiente actividad para que la realices.

Se llama **el árbol de los logros**. Esta actividad te ayudará a reconocer tus cualidades y cómo estas han sido la base de tus logros, reforzando tu autoestima y autoconfianza.

Para comenzar: identifica las raíces

Las raíces (tus cualidades): escribe en las raíces todas las cualidades personales que crees que tienes.

El tronco (tu fuerza interna): en el tronco apunta a las personas o las cosas que te motivan a seguir en tu día a día, los pilares que te dan fuerza.

Los frutos (tus logros): cada fruto representa un logro que en algún momento pensaste que no podrías alcanzar, por ejemplo:

- Aprobar un examen difícil.
- Hablar en público.
- Superar un miedo o una dificultad personal.
- Terminar un proyecto importante.

Dibuja el árbol

Empieza dibujando las raíces, el tronco y la copa con frutos y coloca en cada parte lo que identificaste.

Si te preguntas por qué las raíces son las cualidades, es porque están bajo tierra y son las que sujetan el árbol. Y, aunque muchas veces no se vean (que no seas capaz de reconocerlas no significa que no existan), son como el oxígeno: imprescindible pese a ser invisible.

Los frutos, por su parte, son los logros. Es decir, sin raíces no habría frutos. Aunque a veces pensemos que valemos por los frutos, lo que nos define y sostiene son las raíces.

Tu valor no se mide por lo que logras, sino por las cualidades que te permiten alcanzarlo.

Cuando termines, piensa: **¿qué logros aún no has puesto que te gustaría dibujar?**

Yo siempre recomiendo que este ejercicio lo guardes y que, cuando estés bajo de ánimo, lo mires de nuevo. Observa todas tus cualidades, la fuerza que te sostiene y los logros que ya has conseguido. Recuerda que tienes recursos internos para enfrentate a cualquier dificultad, que eres capaz de superar retos y que cada logro, por pequeño que parezca, es una muestra de tu fortaleza y crecimiento. También puedes añadir nuevos frutos a medida que alcanzas objetivos, para ver cómo avanzas y creces día a día.

Valores

Los valores hacen referencia a lo que realmente consideras importante en tu vida y actúan como brújulas que te guían. Son aquello que orienta tus decisiones y acciones, un criterio interno basado en lo que consideras ético y correcto. Los valores son esa voz interna que te ayuda a encontrar el camino cuando te sientes perdido. Son principios sobre lo que consideras esencial y a lo que no estás dispuesto a renunciar o a sacrificar.

Estos valores se forman a través de la interacción con tu historia familiar y personal, por eso no son fijos y pueden evolucionar a lo largo de la vida. Aunque existen muchos tipos de valores me centraré en cuatro:

- **Valores personales:** describen quién eres y la manera en la que quieres vivir, como, por ejemplo, autenticidad, honestidad, valentía, empatía, tolerancia, humildad…
- **Valores sociales:** orientan cómo relacionarte con los demás, por ejemplo, lealtad, respeto, amabilidad, justicia, asertividad, inclusión…
- **Valores familiares:** son aquellos que se transmiten de generación en generación y guían la manera en que nos comportamos en este ámbito, como amor, unión, compromiso, apoyo mutuo, cuidado, gratitud…
- **Valores profesionales:** son los que te guían en el ámbito laboral, como puntualidad, compromiso, trabajo en equipo, organización, constancia, comunicación, flexibilidad…

Por ejemplo, si cuando crecías siempre te han dicho que la familia es lo más importante, ese mensaje puede convertirse en un valor personal, como la lealtad familiar o el compromiso con los tuyos. Este valor te guía a la hora de tomar decisiones: priorizas pasar tiempo con tu familia, ayudarlos cuando lo necesitan o mantener la unidad familiar, porque lo consideras fundamental y ético en tu vida.

Identificar tus valores es clave porque te ayuda a reconocer lo que realmente te importa. Ante problemas o dificultades, actuar según ellos mejora tu bienestar emocional. Saber lo que valoras te permite actuar según lo que quieres y no según lo que esperan de ti los demás. Además, te permite mantener relaciones saludables, ya que cuando compartes vínculos con personas que tienen los mismos valores, conectas con mayor facilidady de manera auténtica.

Quien conoce sus valores nunca se pierde, aunque el mundo cambie.

Pero ¿qué ocurre cuando actuamos en contra de nuestros valores?

Cuando actuamos en contra de lo que creemos o valoramos, se produce lo que llamamos **disonancia cognitiva**. La mente busca coherencia entre lo que pensamos, sentimos y hacemos, por eso, cuando hay un choque entre nuestros valores y nuestras acciones, sentimos un gran malestar interno.

Por ejemplo, si valoras la honestidad, pero en algún momento mientes para evitar un conflicto, es normal que te sientas incómodo, culpable o confundido. Ese malestar es la señal de que algo no está alineado con lo que de verdad consideras importante.

Tómate un momento para pensar. ¿En qué áreas de tu vida estás actuando en contra de tus valores? ¿Qué pequeño paso podrías dar para sentirte más coherente contigo mismo?

Los tres yos: quién soy, a quién rechazo y quién quiero ser

Todo el mundo tiene diferentes partes que no muestra a los demás; dependiendo de la persona con la que esté, se comporta de una manera u otra. Es como con la confianza: si es alguien con quien conectas, mostrarás también tu parte vulnerable; si no, puedes aparentar una versión «más correcta» o ideal para evitar el rechazo.

Para trabajar un poco más en tu autoconcepto y, por tanto, en tu autoconocimiento, es útil explorar estas distintas partes de ti mismo:

- **Yo real:** es cómo te ves a ti mismo en este momento, cómo crees que eres realmente, con tus fortalezas, cualidades personales o físicas, valores y también tus limitaciones. Es tu versión auténtica, sin filtros ni máscaras.

  Puede que te reconozcas como creativo, responsable o empático, pero también notes que a veces te cuesta decir «no» o controlar el estrés.
- **Yo rechazado:** es la parte de ti que no te gusta y que a veces escondes por miedo a que los demás te juzguen, te rechacen o incluso porque te da vergüenza. Incluye comportamientos, rasgos físicos o de personalidad. Muchas veces está ligada a críticas que recibiste de pequeño, a la autoexigencia o a esa voz interna que te dice que no eres suficiente.

  Quizá no te gusta cómo reaccionas cuando te enfadas, porque gritas o te sientes fuera de control. Reconocerlo no significa que sea «malo», solo que forma parte de ti y entenderlo te ayuda a manejarlo mejor.
- **Yo ideal:** es la versión de ti que sueñas ser. A veces intentamos ser así solo para agradar o recibir apro-

bación, y eso puede generar malestar. Refleja cualidades que admiras en otros y que quieres desarrollar. Esta parte puede ayudarte a crecer y acercarte a la persona que deseas ser.

Tal vez quieras ser más paciente y generoso con los demás. No se trata de forzarte a ayudar cuando no tienes energía, sino de usarlo como guía para mejorar poco a poco.

¿Qué parte de ti muestras sin esfuerzo en tu día a día? ¿Qué aspectos reconoces, pero a veces prefieres ignorar? ¿Qué te da miedo que vean los demás?

Con frecuencia mostramos al mundo solo una parte de nosotros, aquella que sentimos más segura o aceptable según el círculo en el que estemos. Pero detrás de esa cara visible existen partes ocultas, aspectos que preferimos ignorar o esconder por miedo. Y está bien reconocerlas, porque hacerlo nos ayuda a ver qué heridas necesitamos curar o integrar, sin sentirnos vulnerables ni juzgados por los demás.

Otras veces, actuamos de la manera que creemos que mejor se adapta a la circunstancia, aunque no vaya con nosotros, intentando alcanzar ese ideal que se espera de nosotros para no decepcionar a quienes nos rodean.

El equilibrio emocional llega cuando dejas de vivir solo para alcanzar tu yo ideal, aceptas con compasión tu yo real y te atreves a mirar de frente a tu yo rechazado, porque en él también hay partes que merecen ser comprendidas.

SÉ TÚ MEJOR ALIADO

A menudo somos amables, pacientes y comprensivos con los demás. Nos preocupamos por ellos, los escuchamos, los ayudamos y los cuidamos, pero con nosotros mismos a veces olvidamos hacer lo mismo. Nos criticamos, nos exigimos demasiado y nos juzgamos con dureza, como si no mereciéramos la misma compasión que damos a otros.

Pero ¿por qué sentimos que merecemos menos? ¿Por qué creemos que debemos ser perfectos o llegar a todo? Pasamos la vida intentando ser mejores, cumpliendo las expectativas de los demás y dándole más importancia a lo externo que a cómo estamos internamente.

Seguro que, si un amigo se equivocara, no serías tan

duro con él como lo serías contigo mismo en la misma situación. Esto puede deberse a varios factores: si de pequeños nos enseñaron que no podemos fallar, el miedo a lo que los demás piensen de nosotros, la sensación de que no merecemos cuidado y, sobre todo, si vemos los errores de los demás de manera objetiva, mientras que los nuestros vienen cargados de historias y emociones pasadas. En definitiva, solemos ser mucho más autoexigentes con nosotros mismos.

No es raro escuchar en terapia que «ser autoexigente es bueno, porque te ayuda a crecer». Y es cierto: la autoexigencia bien enfocada puede impulsar el aprendizaje y el desarrollo personal. Pero es importante entender que no es lo mismo la exigencia que la hiperexigencia, que nos desgasta, nos genera culpa y nos aleja de la compasión hacia nosotros mismos.

La **exigencia** se basa en una expectativa saludable que nos ayuda a mejorar o a cumplir con nuestras responsabilidades. Nos permite reconocer nuestros errores y aprender de ellos. En cambio, la **hiperexigencia o sobreexigencia** es desproporcionada y genera un malestar constante hacia uno mismo: estrés, ansiedad, culpa y la sensación de nunca ser suficiente. Las personas hiperexigentes suelen tener un gran miedo al fracaso, a decepcionar a los demás, una fuerte necesidad de validación externa y casi nunca se sienten satisfechas con sus logros.

Para entenderlo mejor, imagina que alguien suspende un examen. Una persona exigente se esfuerza mucho para aprobar la recuperación. En cambio, para una persona hiperexigente, un ocho lo consideraría una mala nota, aunque sea un notable.

Las dos están muy relacionadas con la **autocrítica**, que es como un examen que nos hacemos a nosotros mismos sobre nuestro propio comportamiento. Cuando la exigencia es saludable, la autocrítica funciona como una herramienta para mejorar. Pero cuando hay hiperexigencia, se convierte en autocastigo. En lugar de ayudarnos, nos enfocamos solo en lo que hicimos mal, minimizamos nuestros logros y sentimos que siempre podríamos haberlo hecho mejor, lo que genera frustración.

Por todo esto, es tan importante la **autocompasión**, o tener compasión por uno mismo. Esto significa tratarnos con respeto, amabilidad y comprensión cuando cometemos un error o las cosas no salen como esperábamos. En lugar de luchar contra lo que sentimos, acompañamos nuestras emociones, lo que nos ayuda a regularlas mejor sin juzgarlas ni evitarlas.

La autocrítica busca corregir castigando, mientras que la autocompasión busca cuidar para mejorar.

Muchas veces se confunde la autocompasión con autocompadecerse. La **autocompasión** no tiene que ver con el victimismo, ni con justificarse constantemente o quedarse atrapado en el dolor. Se trata de reconocer el dolor y acompañarlo. En cambio, **autocompadecerse** significa quedarse en ese sufrimiento, repitiendo frases como «Qué lástima doy» o «Todo me pasa a mí», como si el dolor formara parte de nuestra identidad.

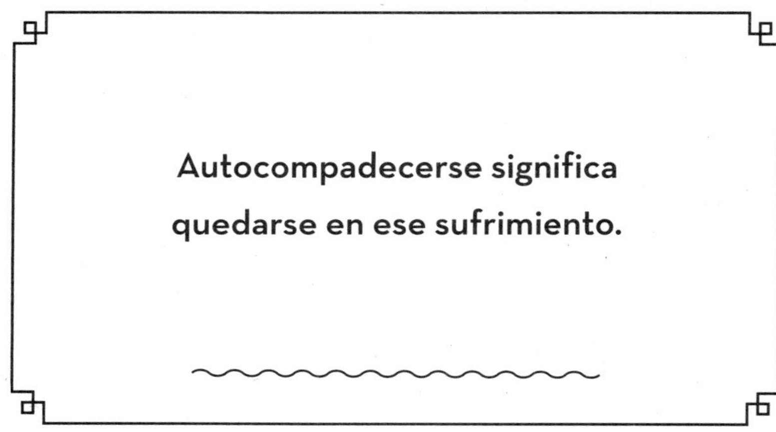
Autocompadecerse significa
quedarse en ese sufrimiento.

2

Pensamientos intrusivos.
Cuando la mente repite lo que nos hiere

¿Cuántas veces no has podido deshacerte de un pensamiento al que no dejabas de darle vueltas? Ese que aparece de la nada, se repite una y otra vez, y te hace sentir incómodo, nervioso o incluso culpable. Los pensamientos intrusivos funcionan así: llegan sin aviso, se instalan en nuestra mente y nos hacen cuestionarnos cosas que quizá nunca habíamos considerado. Pero ¿qué significan en realidad? ¿Por qué surgen? Y, lo más importante, ¿cómo podemos gestionarlos para que no nos controlen?

Cuando hablamos de **pensamientos intrusivos**, también llamados **«negativos»** o **«automáticos»**, nos referimos a ideas que generan emociones desagradables o que aparecen de forma incontrolable en nuestra mente. Se llaman

«intrusivos» porque irrumpen sin previo aviso, como si quisieran incomodarnos. Se consideran **«automáticos»** porque no los elegimos ni los buscamos, tan solo aparecen. Y los llamamos **«negativos»** porque provocan emociones desagradables como la culpa, el miedo o la angustia.

Que estén ahí no significa que sean verdad, ni que definan quién eres. Solo son pensamientos, nada más. No eres tus pensamientos, y no tienes que dejar que te controlen.

Suelen tener su origen en creencias profundas, arraigadas a lo largo del tiempo. Por eso, trabajarlos implica reconocerlos, aceptarlos sin identificarse con ellos y desarrollar estrategias que ayuden a reducir su impacto en nuestra vida cotidiana.

Es importante saber diferenciar entre un pensamiento intrusivo, que aparece para «protegernos», y uno realista, más racional. Aunque el pensamiento intrusivo quiera protegernos, eso no significa que sea real. Procede de experiencias negativas que hemos vivido antes, y su propósito es evitar que pase lo mismo ahora, pero no siempre refleja lo que ocurre en realidad.

Imagina que Ana ha tenido malas experiencias en el pasado con amistades que la han decepcionado. Un día, conoce a alguien nuevo y, aunque la conversación es agradable, de repente empieza a pensar: «Seguro que esta persona me va a fallar como las otras». Este pensamiento es intrusivo. Aunque intenta protegerla, ya que el miedo a que la hieran surge de experiencias pasadas, no significa que esa persona vaya a fallarle.

Un pensamiento realista sería «Estoy conociendo a esta persona, y no tengo pruebas de que me vaya a hacer daño. No puedo juzgarla solo por mis experiencias pasadas». En este caso, Ana está utilizando un enfoque más racional y objetivo, basado en la situación actual y no en un temor que proviene del pasado. Este tipo de pensamiento le permite ver la situación con mayor claridad, sin dejarse llevar por los miedos irracionales que le producen los recuerdos de viejas experiencias.

TIPOS DE PENSAMIENTOS QUE NOS IMPIDEN DECIR «NO»

Los pensamientos intrusivos pueden aparecer de muchas formas, y aprender a reconocerlos es el primer paso para poder interpretarlos y empezar a gestionarlos. Muchas veces, lo que nos genera ansiedad no es tanto el pensamiento en sí, sino el efecto en cadena que provoca, un bucle de ideas negativas del que cuesta salir. Ponerles nombre y entender de dónde vienen nos ayuda a tomar distancia y a no creer que son verdades absolutas.

Por ejemplo, imagina que alguien te pide un favor que no puedes o no quieres hacer. En cuanto piensas en negarte, aparece un pensamiento automático: «Si digo que no, se enfadará conmigo».

Ese pensamiento no lo eliges, aparece de forma repentina y tu mente lo interpreta como una amenaza. Entonces, se activa tu sistema de alarma. Eso te genera incomodidad, ansiedad, tensión... y todo en cuestión de segundos.

Pero no se detiene ahí, el malestar activa nuevos pensamientos como «Seguro que ahora piensa que soy egoísta» o «Siempre termino decepcionando a la gente».

Y así comienza un bucle en el que un pensamiento lleva a otro, y ese a otro más, amplificando la ansiedad y el malestar emocional. Es un intento de control mental que, en realidad, aumenta la sensación de descontrol. Todo esto puede hacerte ceder, actuar desde la culpa o desconectarte de lo que en realidad necesitas. La buena noticia es que este bucle se puede trabajar. Recuerda: **tú no eres tus pensamientos. Y no todo lo que piensas es verdad.**

Existen diferentes tipos de pensamientos negativos o distorsiones cognitivas que influyen directamente en cómo interpretamos la realidad. Algunos de los más comunes son:

- **Pensamientos catastróficos:** anticipar el peor escenario posible.
- **Pensamientos dicotómicos:** ver la realidad en términos extremos, como «todo o nada».
- **Etiquetación:** definirnos a nosotros mismos con etiquetas absolutas a partir de un error o una conducta puntual.
- **Generalización excesiva:** sacar una conclusión general a partir de una sola experiencia negativa.

Además de estos, hay otros muy frecuentes que nos afectan, en especial cuando intentamos poner límites. Me centraré en los siguientes porque suelen ser los que más nos frenan:

1. **Lectura de mente:** consiste en creer que sabemos lo que la otra persona piensa, dice o siente incluso antes de que suceda. Este tipo de pensamiento nos limita, nos genera culpa, ansiedad o inseguridad, y rara vez se basa en hechos reales. ¿Cuántas veces te has sentido mal aun antes de decirle algo a alguien, y luego su reacción no fue la que imaginabas? Por ejemplo:

   «Si le digo que prefiero ir al cine en lugar de a la playa, seguro que se enfada». Pero luego resulta que te responden **«¡Podrías haberlo dicho antes, me daba igual!»**.

2. **Minimización:** ocurre cuando restamos valor a nuestras necesidades, emociones o experiencias, como si lo que sentimos no tuviera la misma importancia que lo que sienten los demás. Es una manera de invalidarnos que muchas veces nace del miedo al rechazo o a decepcionar al otro. En el contexto de los límites, este pensamiento puede aparecer así:

   «Sé que me vendría bien descansar esta tarde, pero no es tan importante…, iré con ella, no quiero quedar mal». En lugar de escuchar lo que realmente necesitamos, nos convencemos de que no es para tanto y terminamos haciendo lo que los demás esperan.

3. **Adivinación (o *adivineitor*, como le digo yo):** este pensamiento aparece cuando creemos que sabemos con exactitud lo que va a pasar, aunque no tengamos pruebas. Es como si anticipáramos el futuro con total certeza... y, casi siempre, con un desenlace negativo.

   Por ejemplo: «Seguro que suspendo el examen». Pero la realidad es que no somos adivinos, no sabemos lo que ocurrirá en el futuro ni si eso que tanto tememos llegará a pasar. Pero a pesar de todo parece que vivimos sugestionados por esos «y si...» que solo nos quitan la tranquilidad del presente. Este tipo de pensamiento es muy parecido a la lectura de mente, pues ambos tienen algo en común: nacen del miedo y la falta de control.

4. **Personalizar:** ocurre cuando nos atribuimos a nosotros la causa de lo que sucede, sin tener en cuenta que pueden existir muchos otros factores externos que influyen en la situación. Es como si todo lo que sucede fuera una consecuencia directa de lo que hacemos o decimos, lo cual genera una fuerte carga emocional de culpa. Por ejemplo, imagina que le dices a una amiga que hoy no puedes quedar porque necesitas descansar, y luego notas que no habla tanto por un grupo de WhatsApp en que estáis todas tus amigas y por el que os comunicáis a diario. El pensamiento automático puede ser «Seguro que está enfadada conmigo por haberle dicho que no…, la he decepcionado, es culpa mía». Cuando en realidad, puede estar ocupada, tener un mal día o simplemente no tiene nada que ver contigo.

Los pensamientos intrusivos, esos negativos o automáticos que muchas veces ni nos damos cuenta de que tenemos, pueden afectar mucho cómo nos relacionamos con los demás y con nosotros mismos. Cuando no los identificamos ni los cuestionamos, es más fácil acabar anteponiendo las necesidades de los demás a las nuestras. Y, a la larga, eso pasa factura: nos sentimos agotados, nuestra autoestima baja y a veces tenemos la sensación de encontrarnos perdidos.

Aprender a reconocer estos pensamientos, cuestionarlos y cuidarte sin sentir culpa es el primer paso para salir de ese bucle y empezar a vivir con mayor libertad, haciendo lo que realmente necesitas. Recuerda: no eres adivino, no tienes que resolver cosas que todavía no han pasado. Cuando llegue el momento, tu «yo» del futuro sabrá cómo actuar. No puedes cargar con la responsabilidad de lo que los demás hagan o piensen, ni vivir intentando anticiparte a todo para que no duela.

Deja de imaginar escenarios que solo te desgastan, preocuparte no es protegerte y solo te lastima antes de tiempo. Yo siempre les digo a mis pacientes que piensen en el significado de la palabra «preocupación»: ocuparse antes de tiempo de algo que todavía no ha pasado. Es como pagar una deuda al banco antes de que siquiera exista. ¿Sabes cuánta energía gasta tu cuerpo cuando se pone en alerta por algo que aún no ha ocurrido?

La mayoría de las cosas que pensamos no suceden y,

aun así, vivimos anticipando, desgastándonos y sufriendo por escenarios que, en la mayoría de los casos, nunca llegan. Entonces ¿vale la pena vivir en ese estado de desgaste constante?

Estrategias para romper el ciclo de pensamientos repetitivos

Lo más complicado es identificar este tipo de pensamientos automáticos, intrusivos o negativos que generan ansiedad, ya que muchas veces pasan desapercibidos. Es importante entender que la ansiedad no es mala. De hecho, es una respuesta adaptativa del cuerpo. Por ejemplo, si vas a cruzar un paso de peatones y de repente aparece un coche, la ansiedad es la que hace que corras hacia la acera y te pongas a salvo. El problema aparece cuando ese miedo no es real, sino imaginario.

Los pensamientos que la provocan pueden adoptar muchas formas. A veces es miedo:

- «¿Y si mañana suspendo el examen?».

Otras culpa por decisiones pasadas:

- «Debería haber ido al cumpleaños de mi amiga en lugar de aceptar el otro plan».

Detecta, escribe y cuestiona: primeros pasos para romper el ciclo

Lo primero y más importante es tener claro qué es un pensamiento intrusivo, como explicamos con anterioridad. Una vez que aprendamos a identificar los distintos tipos, el siguiente paso será escribirlos en cuanto aparezcan en nuestra mente.

Siempre recomiendo, en la medida de lo posible, escribirlos a mano. La escritura manual no solo ayuda a detener el ciclo automático del pensamiento, sino que además permite que el cerebro procese la información de forma más profunda. Si no tienes papel a mano, también puedes anotarlo en el móvil, en una nota rápida o incluso en una conversación de WhatsApp contigo mismo. Lo importante es sacarlo de la cabeza y ponerlo por escrito.

Una vez que hayamos anotado esos pensamientos, toca jugar a ser detectives, como suelo hacer con los más pequeños en consulta:

- «¿Qué pistas tengo de que esto sea cierto?».
- «¿Es un hecho real o una interpretación mía?».
- «¿Qué pruebas hay a favor o en contra de este pensamiento?».

Escribir el pensamiento intrusivo es un primer paso fundamental, pero identificar la emoción que lo acompaña lo hace aún más eficaz. Pensar y sentir van de la mano, y muchas veces no somos conscientes de cómo un pensamiento dispara una emoción específica como el miedo, la culpa, la rabia o la tristeza. Ponerle nombre a esa emoción nos ayuda a entender mejor lo que nos pasa, y nos da más herramientas para gestionarla en lugar de reaccionar en automático.

Si esta técnica no te funciona, no te preocupes, existen muchas formas de trabajar los pensamientos. No todos somos iguales ni vemos el mundo de la misma forma, y eso está bien. Se trata de encontrar la herramienta que mejor encaje contigo.

El peso invisible del pensamiento

Una de las técnicas más poderosas y visuales para comprender por qué es fundamental soltar ciertos pensamientos y no quedarnos atrapados en ellos es esta metáfora sencilla pero profundamente reveladora.

Imagina que tienes un vaso en la mano. Ahora, si yo te preguntara cuánto pesa, tal vez me dirías que no mucho. Un vaso normal de agua puede pesar unos doscientos o trescientos gramos, más o menos. Y tendrías razón..., pero ese no es el punto clave.

Lo importante no es cuánto pesa el vaso en sí, sino cuánto tiempo lo sostienes.

Si lo mantienes en alto durante cinco segundos, quizá no notes nada.

Si lo sostienes durante diez minutos, seguro que empiezas a sentir cierta incomodidad en el brazo.

Si lo mantienes durante una hora, el dolor será muy intenso.

Y si lo sostienes durante un día entero, aunque el vaso siga pesando lo mismo, tu brazo estará entumecido, agotado, quizá ya no puedas sostenerlo más.

Con los pensamientos pasa exactamente lo mismo.

El problema no siempre es el pensamiento en sí, sino cuánto tiempo lo sostenemos en nuestra mente sin soltarlo, sin expresarlo, sin liberarlo. Cuanto más lo retenemos, más peso adquiere.

Y, aunque su contenido no cambie, la carga emocional se intensifica y puede llegar a bloquearnos por completo.

Por eso es tan importante aprender a soltar, lo que no significa ignorar o minimizar lo que sentimos, sino darle un cauce, permitirle salir de nosotros para que no nos consuma desde dentro.

¿Y cómo se suelta un pensamiento que duele o inquieta? Hay varias formas posibles:

- Hablándolo con alguien de confianza.
- Escribiéndolo, para que deje de ocupar espacio en tu cabeza.
- Compartiéndolo en terapia, con un profesional que pueda ayudarte a comprenderlo, resignificarlo y soltarlo de forma sana.

Sostener pensamientos difíciles sin compartirlos es como aferrarse a ese vaso durante horas, días o incluso años. Nos agota, nos duele y puede llegar a inmovilizarnos.

Soltar no es sinónimo de debilidad, sino de salud mental.

Tu mente no eres tú: dale un nombre y bájala del trono

Otra estrategia muy útil para tomar distancia con esos pensamientos, y a veces incluso divertida, es ponerle un nombre a tu mente. Sí, como lo oyes. Ponle un nombre propio, como si fuese una persona que te acompaña a todas partes. Porque, de algún modo, lo es. Puede sonar extraño al principio, pero tiene un gran poder simbólico y práctico.

¿Has visto la película de Disney *Luca*? En una de las escenas más recordadas, el protagonista dice: «¡Silencio, Bruno!» para callar esa voz interior que le genera miedo, dudas e inseguridad. Y es que Bruno representa esa voz interna que no para de hablar. Esa que duda, que anticipa peligros y que te llena de miedos e inseguridades. Esa voz que dice «¿Y si sale mal?», «No eres capaz», «No hagas el ridículo».

Y lo que hace Luca es simple y poderoso, le pone nombre a ese ruido mental y lo frena.

Lo que está haciendo, en realidad, es nombrar su pensamiento negativo, reconocer que está ahí... y luego decidir no dejarse guiar por él.

Eso mismo podemos hacer nosotros.

Cuando nuestra mente se pierde en el bucle de pensamientos negativos, de anticipaciones catastróficas o de juicios constantes hacia uno mismo, podemos identificar esa voz y decirle: «Ah, ya está hablando otra vez Marta/la Jueza/el Criticón/mi miniyó miedoso...». Puedes ponerle el nombre que prefieras, lo importante es que entiendas que esa voz no eres tú.

Tú no eres tus pensamientos.

Estos aparecen de forma automática, pero tú puedes elegir cómo relacionarte con ellos.

Nombrar esa parte de tu mente te ayuda a verla como algo separado de ti. Te permite observarla con más compasión, más sentido del humor incluso y, sobre todo, con más libertad.

¿Y qué pasaría si empezamos a tratar esos pensamientos de otra manera? ¿Y si en vez de callarnos o reprimirlos aprendemos a hablarles con calma? Por ejemplo: «Gracias por preocuparte, pero ahora no necesito eso» o «Sé que intentas protegerme, pero hoy quiero decidir desde otro lugar».

Este tipo de técnicas no eliminan los pensamientos difíciles, pero sí cambian tu relación con ellos. Y cuando esto ocurre, se modifica también la forma en que vives.

Lo que riegas crece

Nuestra atención tiene un gran poder. Aunque a veces no lo parezca, donde ponemos nuestra atención situamos también nuestra alegría, nuestra energía y nuestro equilibrio emocional. Y, con el tiempo, esa atención constante puede transformar una idea pasajera en un bucle mental del que cuesta salir.

Imagina por un momento que tu mente es un jardín. Cada pensamiento que aparece es como una semilla. Si no le prestas demasiada atención, es decir, si no la riegas, lo más probable es que no crezca. Pero si te pasas días o semanas dándole vueltas, sin dejar de regarla, esa semilla echará raíces... y crecerá.

Por ejemplo, si esa semilla es la inseguridad, y la riegas cada día con pensamientos como «¿Y si no soy suficiente? ¿Y si me dejan? ¿Y si todo sale mal?», lo que al final consigues es una gran planta de ansiedad. Una cargada de dudas, culpa y miedo. Y cuanto más la alimentas con tu atención, más fuerza adquiere y más difícil se vuelve arrancarla.

Lo más complejo de estos pensamientos, sobre todo cuando nacen del miedo, es que muchas veces nos llevan a actuar de forma impulsiva o desde el bloqueo emocional. Hacemos cosas que, en frío, no haríamos y que después nos generan arrepentimiento o culpa. Por eso es tan importante dejar de alimentar esos pensamientos con más pensamientos, y aprender a soltar el foco.

No puedes tener paz si tu mente es un campo de batalla contra ti.

No se trata de negar lo que sentimos ni de hacer como si no existiera, sino de aprender a elegir de manera consciente si queremos seguir regando esa idea... o si preferimos dejar que se seque poco a poco. Y en lugar de alimentar el pensamiento con más pensamientos, puedes redirigir tu atención hacia algo que te haga bien: salir a caminar, respirar profundamente, escribir lo que sientes, hablar con alguien de confianza, escuchar música, hacer una actividad que te conecte con el presente. Cambiar el foco no elimina el pensamiento, pero sí evita que continúe creciendo.

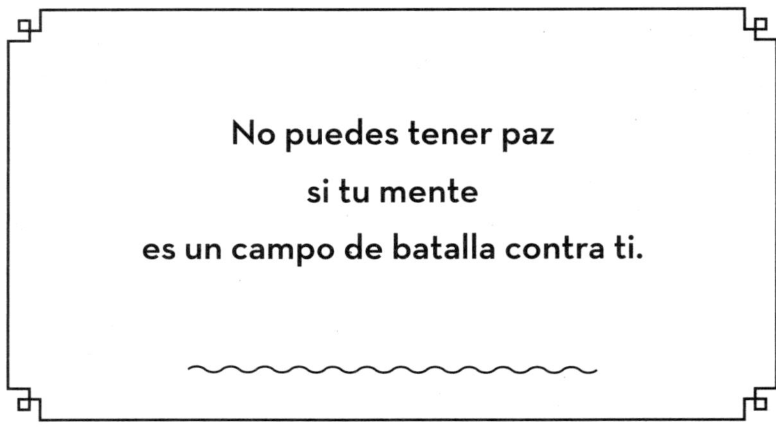

No puedes tener paz
si tu mente
es un campo de batalla contra ti.

3

Creencias que nos moldean

Creencias *vs.* certezas: la diferencia clave

Cuando hablamos de «creer en algo», en realidad nos referimos a aquello que es posible. Muchas veces damos por hecho que lo que creemos es una verdad absoluta, pero una creencia no equivale a una certeza. Creer no siempre es razonar y, muchas veces, implica aceptar sin cuestionar.

Una creencia es una interpretación que hemos construido a partir de nuestras experiencias, nuestra educación, nuestros miedos, nuestras heridas o nuestros aprendizajes pasados. Es decir, una creencia no es un hecho, pero puede condicionar tu vida como si lo fuera.

Esto se puede observar con claridad en historias como la de Marta. Ella les comenta a sus amigas que no vale para tener pareja. Cuando ellas le preguntan por qué piensa eso, responde: «Porque siempre me terminan dejando». Ha convertido una experiencia repetida en una verdad absoluta sobre sí misma. No se trata de una realidad objetiva, sino de una conclusión cargada de dolor y miedo. Esta creencia comienza a dirigir su forma de actuar: evita asumir retos emocionales, se autosabotea en las relaciones, busca la aprobación externa y se compara constantemente con los demás, como si esa idea que repite en su mundo interno fuera una certeza indiscutible.

En esto se puede observar que las creencias son pensamientos que muchas veces parecen verdades, pero no están respaldadas por hechos objetivos; suelen venir cargadas de emoción, interpretación o miedo. Con todo esto lo que quiero transmitirte es que las creencias no son verdades eternas, sino aprendizajes que podemos revisar.

Una certeza, en cambio, es algo basado en hechos, en evidencia, en conexión con la realidad. La certeza es la seguridad de que algo es verdadero o real. En este caso no hay dudas ni cuestionamientos sobre una idea, un hecho o una situación porque está apoyada en pruebas claras. La certeza implica aceptar la realidad tal como es, sin disputarla ni negarla, cimentada en hechos que se pueden comprobar. Es un estado en el que la confianza en lo que se sabe resulta firme y estable.

Creencias	**Certezas**
«No voy a aprobar el examen».	«Nací el día de mi cumpleaños».
«No soy suficiente».	«Tengo un cuerpo, una mente y estoy vivo/a ahora».
«Si cometo errores, los demás me rechazarán».	«Si suelto un objeto, la gravedad lo hará caer».
«No voy a poder con esto».	«Estoy respirando en este momento».
«Siempre hago todo mal».	«No puedo controlar cómo reaccionan los demás».
«Siempre acabo arruinándolo todo».	«Tengo nombre, edad y una historia única».
«No debería sentir esto».	«Estoy sintiendo esto ahora».
«No puedo cambiar».	«El sol sale cada día».

En esta tabla no se comparan dos cosas iguales, sino dos formas distintas de ver la realidad como he explicado antes.

¿QUÉ SON LAS CREENCIAS Y CÓMO SE FORMAN?

Las creencias son ideas que construimos en nuestra mente, muchas veces de forma inconsciente, desde que somos niños. Estas ideas nos acompañan a lo largo de la vida y se convierten en «verdades» internas que pocas veces cuestionamos, aunque no tengamos pruebas reales que las respalden.

Esto sucede porque, en la infancia, no tenemos un juicio racional desarrollado. No podemos analizar con lógica lo que vivimos, tan solo interpretamos el mundo con lo que tenemos: emociones, necesidad de pertenecer y lo que nos dicen las figuras de referencia.

Por eso, si a un niño le dices que existen los Reyes Magos o el Ratoncito Pérez, lo cree sin dudar. Así es como surgen muchas de nuestras primeras creencias externas, al aceptar lo que nos cuentan sin filtro crítico.

Pero no solo creemos lo mágico. También aquello que se nos dice sobre nosotros mismos.

Si a un niño le repiten sin cesar «Ay, Juanito, qué desastre eres», crecerá con la idea de que realmente es un desastre. Y de adulto, si se le cae algo o comete un error, seguro que dirá: «Perdona, es que soy un desastre». Esa voz interna que repite esa idea viene directamente de lo que escuchó de pequeño.

De hecho, el diálogo interno que mantenemos con nosotros mismos en la adultez suele ser un reflejo de cómo nos hablaban nuestros padres, madres o cuidadores principales. Sus palabras se convierten en nuestra voz interior, esa que nos repetimos a nosotros mismos cada día.

En general, podemos hablar de dos tipos de creencias, basadas en lo que nos dicen y aquello que nos repetimos:

- **Creencias externas:** son aquellas que nos dicen de forma directa cuando somos niños: «Eres torpe», «Eres brillante», «Nunca haces nada bien», «Eres muy responsable»... Y como a esa edad no tenemos la capacidad de poner en duda esos mensajes, los asumimos como verdades absolutas. No importa si se dicen con buena o mala intención, el niño no tiene herramientas para cuestionarlas y, por tanto, las absorbe tal cual llegan y las convierten en parte de su identidad.
- **Creencias internas:** son las que el niño crea a partir

de situaciones que no comprende bien. Por ejemplo: si Pablo ve que su padre juega más con su hermano pequeño que con él, podría llegar a la conclusión de que no es suficiente. El problema es que no lo razona como un adulto («Quizá está cansado», «Mi hermano es más pequeño y necesita más atención»), sino desde la emoción: «Algo debe de estar mal en mí». Estas creencias se refuerzan con el tiempo y así cada experiencia similar que vive Pablo ahonda su idea de insuficiencia.

- Si en el colegio no le eligen, lo confirma.
- Si una pareja lo deja, lo vuelve a confirmar.

Así, sin quererlo, su mente empieza a buscar y a seleccionar solo aquello que encaja con su creencia inicial ignorando todo lo demás.

Este es el motivo por el que las creencias pueden ser:

- **Limitantes:** aquellas que nos frenan, nos hacen dudar de nosotros mismos o nos generan ansiedad frente a ciertas situaciones. Por ejemplo: «No soy capaz», «No valgo», «Siempre me abandonan».

- **Potenciadoras:** aquellas que nos empujan a crecer, confiar y afrontar con seguridad los retos. Por ejemplo: si siempre te fue bien en los estudios y alguien te dijo «Eres inteligente», es más probable que hagas un examen con confianza.

Pero incluso estas creencias «positivas» pueden tener un lado oculto. Muchas personas con baja autoestima desarrollan una fuerte autoexigencia como resultado de haber recibido validación solo cuando lo hacían bien.

Así, si un niño siente que solo recibe reconocimiento cuando saca buenas notas, puede asociar su valor personal con el rendimiento. De adultas, estas personas pueden volverse perfeccionistas, exigentes consigo mismas y con mucho miedo al error.

Esto no significa que sean ambiciosas, sino que fallar pondría en jaque la única forma en la que aprendieron a sentirse suficientes.

En ese caso, aunque la creencia parezca potenciadora («Soy inteligente»), sostenerla sin espacio para la equivocación puede generar ansiedad, inseguridad o incluso agotamiento emocional.

Las creencias pueden ser una brújula o una jaula, elige bien cuáles te guían.

Creencias limitantes: la voz interior que nos frena

Cuando hablamos de creencias limitantes, nos referimos a esos pensamientos que te bloquean, te cohíben y te condicionan en tu día a día. Son ideas arraigadas sobre ti mismo, los demás o el mundo que actúan como filtros distorsionados y silenciosos. Estos pensamientos, aunque invisibles, pueden condicionar profundamente la forma en que nos relacionamos con los demás, con el trabajo, con el amor... y con nosotros mismos.

Porque sí, lo que piensas de ti también influye.

Afecta a cómo te relacionas, cómo trabajas, a las decisiones que tomas y a las oportunidades que dejas pasar.

Si crees que no vales, actuarás como si no valieras.

Si crees que no mereces amor, lo rechazarás incluso cuando lo tengas cerca.

Si crees que siempre vas a fallar, no te permitirás intentarlo.

Y ahí está el límite, no en tus capacidades, sino en lo que crees de ti.

Algunas de esas creencias pueden ser:

- «No soy suficiente».
- «No valgo nada».
- «Siempre lo hago mal».
- «Soy un fracaso».
- «Nunca voy a cambiar».
- «Soy una carga».
- «No soy importante».
- «Siempre tengo la culpa».
- «Hay algo malo en mí».

La mente humana tiene una necesidad innata de entender, de darle sentido a todo lo que vive, en especial cuando somos niños. Y si no encontramos respuestas claras fuera, las inventamos dentro.

Cuando las respuestas no llegan de forma segura, la mente crea sus propias conclusiones para poder adaptarse y sobrevivir emocionalmente. Y esas conclusiones son el origen de muchas de nuestras creencias limitantes.

Imaginemos a un niño al que no le gusta el fútbol. Durante el recreo, la mayoría de sus compañeros juega juntos y él se queda fuera, solo. Nadie le dice que no pertenece, pero su mente interpreta la situación: «No encajo, no soy como los demás». Luego la conclusión que le da su mente es «Soy diferente».

Si nadie lo ayuda a darle sentido a esa experiencia y a pensar algo como «Solo no me gusta el fútbol, ya encontraré a personas con otros intereses», esa primera creencia puede quedarse marcada en el transcurso de los años.

Las consecuencias pueden ser complacer para gustar a los demás, un impulso constante por encajar, la sensación de no pertenecer nunca del todo o la creencia de que su valía depende de lo que los demás piensan de él.

Muchas veces, esas creencias surgieron como una forma de protegernos, porque las que nacen del miedo rara vez te llevan a lugares donde puedas crecer. No porque no tuvieran sentido en su momento, sino porque eran la forma más lógica y emocionalmente comprensible que encontró nuestra mente para explicarse el dolor.

Por eso es tan importante contemplar nuestras creencias desde una mirada compasiva. No se trata de culparnos por tenerlas, sino de comprender cuándo nacieron para comenzar a transformarlas.

En este proceso, el papel de los padres resulta clave durante la infancia. Son ellos quienes le pueden ayudar a cuestionar esas creencias, creando unas más saludables para ellos. Por eso, es muy importante que hablen de emociones con sus hijos, que les enseñen a identificar cómo se sienten en cada momento y que establezcan un vínculo seguro con ellos, para que cuando les ocurran situaciones similares puedan contárselas. Recuerda: el adulto es quien sí tiene las herramientas para ayudarlos a comprender qué les está ocurriendo.

Educar no es solo corregir lo que hacen, es también cuidar lo que creen que son.

Frases que suelen decirse y cómo pueden traducirlas los niños en su mundo interno:

- «Mira lo bien que lo hace tu primo» = «Yo no soy suficiente». Por eso, no se debe comparar a los niños con otros. Este tipo de comentarios pueden generar dos consecuencias: la primera es que el niño, al no creer en sus capacidades, se rinda con facilidad, lo que afecta a su autoestima, y la segunda, que aumente su autoexigencia en aquellas áreas donde siente que sí destaca, desarrollando la creencia de que solo si lo hace perfecto será válido o reconocido.

- «Los niños buenos no lloran» = «No debo mostrar mis emociones». El niño aprende con esta frase que llorar está mal y, por tanto, en un futuro le costará conectar con la tristeza o mostrarse vulnerable.
- «Como sigas así, no te querrá nadie» = «No soy digno de ser amado». Esta creencia afectará a su autoestima y puede llevarlo a buscar continuamente complacer a los demás por miedo al rechazo.
- «Eres un desastre» = «Siempre tengo la culpa» o «Nunca hago nada bien». Bajo estas creencias el niño se desarrolla pensando que no es capaz de hacer las cosas bien, lo que influye en su autoestima y le crea un gran miedo a equivocarse, por lo que deja de intentar hacer ciertas cosas. Además, puede llegar a culparse por los conflictos que ocurran en sus relaciones, sintiéndose responsable de todo lo malo que sucede.

- «Qué niño más bueno, nunca causa problemas» = «Debo complacer a los demás para que me quieran». Esta frase puede generar en el niño la creencia de que para que lo acepten debe ser sumiso, obediente y no expresar sus verdaderos sentimientos o necesidades. Esto origina en él o en ella el «síndrome de la niña buena», es decir, se convierten en adultos que sienten la necesidad constante de complacer a los demás, ser perfectos y reprimir sus propias emociones y necesidades para ser aceptados y queridos. Además, les cuesta conectar con el enfado, ya que han aprendido que poner límites es malo.

Reescribir nuestras creencias para cambiar nuestra realidad

Seguro que ahora te preguntas: ¿cómo puedo saber si eso que pienso de mí es una creencia limitante? ¿Cómo identificar si esas frases internas son reales o tan solo aprendidas?

Una forma de empezar es observar tus recuerdos, tus emociones y tus miedos. ¿Qué situaciones del pasado te han marcado? ¿Qué emociones se activan con más fuerza? Luego, hazte esta pregunta: ¿qué dice eso de mí? Cada vez que reaccionas con culpa, con miedo o con evitación, hay una historia que se activa en un segundo plano, y esta suele llevar un mensaje sobre ti.

Una vez que detectes ese mensaje, puedes empezar a cuestionarlo. Pregúntate con honestidad, pero sin juicio:

- «¿Es verdad que no soy suficiente?».
- «¿Es verdad que todo lo hago mal?».
- «¿Es verdad que soy un fracaso?».

La mayoría de estas ideas no nacen de hechos objetivos, sino de emociones pasadas no resueltas: miedo, dolor, vergüenza. Son mecanismos que tu mente creó, muchas veces en la infancia, para protegerte de volver a sentirte herido. Pero hoy, en tu vida adulta, ya no te protegen, sino que te limitan.

Y es que estas creencias influyen más de lo que parece en tu vida, sobre todo cuando se trata de poner límites.

Puedes sentirte egoísta cuando dentro de ti hay ideas como:

- «Soy culpable si no estoy para los demás».
- «Si digo que no, me rechazarán».
- «Tengo que estar siempre disponible».
- «No tengo derecho a pedir lo que necesito».

Y, sin embargo, poner límites no es rechazar al otro, sino dejar de rechazarte a ti.

Es comenzar a cuidar tu espacio, tus necesidades y tu valor sin que eso implique dañar o abandonar a los demás. Porque si no lo haces tú, nadie lo hará por ti.

Otra manera de averiguar tus creencias y comenzar a cuestionarlas es pensar:

- «¿Qué frase me repito constantemente?».
- «¿Qué me digo cuando me equivoco?».
- «¿Qué cosa siento que "debería" ser o hacer?».

Una vez que contestes esas preguntas, puedes hacerte estas otras:

- «¿Esto es mío o es algo que heredé?».
- «¿Me lo enseñaron con palabras o con actos?».
- «¿Me funciona pensar de esa manera sobre mí?».

Esas preguntas no buscan encontrar culpables, sino crear un espacio para elegir. Porque cuando no cuestionamos lo que pensamos de nosotros mismos, terminamos viviendo una vida guiada por ideas que ni siquiera hemos elegido.

Muchas de esas creencias fueron adaptaciones necesarias en un momento de nuestra historia. Nos ayudaron a encajar, a ser queridos, a evitar conflictos o a protegernos del dolor. Pero eso no significa que sigan siendo válidas hoy.

Cambiar una creencia no es traicionar lo que aprendiste.

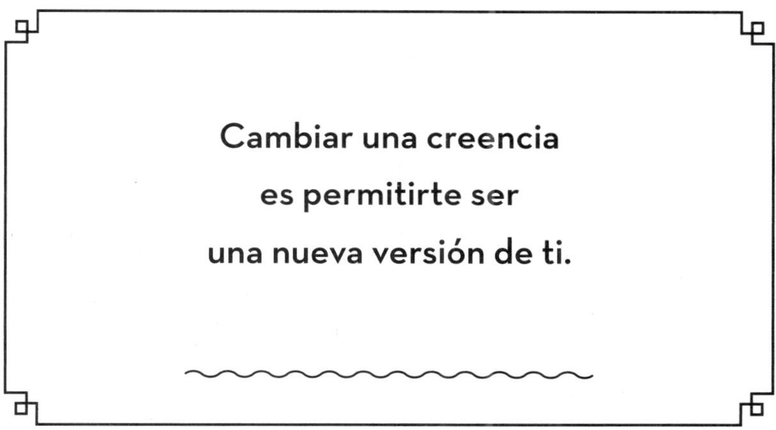
Cambiar una creencia
es permitirte ser
una nueva versión de ti.

4

Heridas de la infancia. El origen de lo que permitimos

A pesar de que siempre me han gustado los niños, comencé a trabajar con peques por una razón concreta: lo que se trabaja en la infancia no tenemos que repararlo en la adultez.

La infancia y la adolescencia son etapas clave, porque es ahí donde empieza a formarse la personalidad. Y en ese proceso influyen muchos factores: la genética, el entorno en el que se crece y, sobre todo, las experiencias y las interacciones afectivas que se van acumulando.

Por eso creo en la prevención, en el acompañamiento desde una etapa temprana y en ayudar a construir una base emocional más segura desde los primeros años. Porque sanar de adultos es posible, sí. Pero evitar ciertas heridas a tiempo... es un regalo.

Al hablar de heridas, nos referimos a aquellas experiencias que han dolido, que han removido algo interno y que en muchos casos nos sigan afectando, aunque haya pasado el tiempo. Es decir, son algo así como un trauma. Muchas personas creen que el trauma es algo grave o violento, pero realmente también puede dejar su rastro en cómo reaccionas a lo cotidiano.

Si te tensas cuando alguien se enfada, incluso si no va contigo, no es casualidad. Tu cuerpo aprendió a protegerse. Quizá de niño no sabías cómo reaccionar cuando tus padres alzaban la voz, discutían o se volvían impredecibles, y ahora tu sistema nervioso responde como entonces: poniéndose en alerta.

Si saltas ante ruidos fuertes o sobresaltos, no es que seas exagerado, sino que tu cuerpo aún guarda el recuerdo de cuando necesitabas estar atento para protegerte. Lo que requerías para sobrevivir hoy se activa por reflejo.

Si evitas ciertos lugares, personas o situaciones, aunque no sepas bien por qué, tampoco es casualidad. A veces tu cuerpo recuerda lo que tu mente ha olvidado y prefiere alejarse antes que revivir algo que dolió.

Si te cuesta confiar, si necesitas tener todo bajo control,

si reaccionas «demasiado» a ciertas cosas, hay un motivo. No estás roto. Estás condicionado por lo que un día viviste.

El cuerpo no olvida con facilidad aquello que un día lo hizo sentirse en peligro. Él también tiene memoria. Pero con tiempo, comprensión y seguridad, puede aprender que ya no está solo, y empezar a sanar. Porque hay algo importante que no siempre se dice: lo que no se expresa con palabras el cuerpo lo manifiesta con síntomas. No se trata de un signo de debilidad, es una forma de hablar cuando no hemos podido ponerle nombre a lo que duele.

Tu cuerpo escucha todo lo que tu mente dice; por eso, cuida de ambos con la misma dedicación.

Las heridas invisibles que deciden por ti

Se llaman «heridas de la infancia» no solo porque en esa etapa de la vida dejan una huella mayor, sino también por cómo moldean el comienzo de nuestra percepción del mundo, de los demás y de nosotros mismos. Aunque es cierto que dichas heridas también pueden producirse en la adolescencia y la adultez por las circunstancias a las que nos enfrentamos.

Cuando nacemos no tenemos un mapa. Conforme crecemos lo creamos a través de las experiencias. Algunas de estas dejan marcas más positivas que otras. Y, sin darnos cuenta, esas primeras vivencias se convierten en los cimientos desde lo que entendemos el amor, la amistad y quienes somos.

Según Lise Bourbeau, en su libro *Las cinco heridas que impiden ser uno mismo*, existen cinco heridas principales: rechazo, abandono, humillación, traición e injusticia. Estas heridas son la base de muchos de los bloqueos emocionales que arrastramos hasta la vida adulta.

Estas heridas son difíciles de identificar, ya que las tenemos muy incorporadas en nuestro día a día. Muchas veces actuamos a través de ellas sin darnos cuenta, porque forman parte de nuestra manera de pensar, de sentir y de relacionarnos. Por ello, para identificarlas tenemos que observar nuestras emociones, pensamientos y patrones de comportamiento, ya que se pueden convertir en mecanismos de defensa ante situaciones de estrés.

Abandono. La herida de abandono se origina por la ausencia, ya sea física o emocional, de la figura de apego, es decir, de nuestros cuidadores principales. Aunque también puede formarse más adelante con amigos o parejas. Es decir, se desarrolla por la pérdida de vínculos significativos. Muchos pacientes me han dicho en consulta: «Laura, ¿por qué me siento abandonada por alguno de mis padres si estaban físicamente?». La respuesta está en lo emocional: ¿se hallaban presentes cuando los necesitabas? ¿Sabían ofrecerte cuidado, amor y atención? Esta herida suele producirse por la falta de ese apoyo emocional fundamental.

El miedo principal que surge de esta herida es la soledad, y por eso muchas personas que la sufren se vuelven muy dependientes de su pareja o de los demás. Esa **dependencia** es lo que llamamos la **«máscara»** de la herida, es decir, lo que ocultan detrás de su dolor. Cuando hablamos de «máscara», nos referimos a aquello que se muestra al mundo para proteger lo que está herido en el interior.

Como mencionamos antes, estas heridas son difíciles de reconocer porque están integradas en nuestra personalidad. Por ejemplo, María siempre buscaba la aprobación constante de su pareja. Aunque él estaba presente, ella sentía un vacío, como si faltara algo. De niña, sus padres siempre estaban trabajando, por eso, María desarrolló miedo a la soledad y una dependencia afectiva que ahora se manifiesta en su necesidad de atención y seguridad.

Si quieres saber si tienes la herida de abandono, responde las siguientes preguntas:

- ¿Crees que no eres lo bastante importante para que alguien se preocupe por ti?
- ¿Temes perder a las personas cercanas?
- ¿Te sientes abandonado/a por alguien a quien amaste y en quien confiaste?
- ¿Sientes que dependes emocionalmente de otros para sentirte seguro/a?
- ¿Te cuesta estar solo/a o te sientes incómodo/a cuando no tienes compañía?
- ¿Te preocupa que te dejen o que te ignoren?
- ¿Sueles aceptar situaciones o relaciones que no te hacen bien por miedo a quedarte solo/a?
- ¿Perdiste a alguien importante en tu infancia?

Deja de tener tanto miedo de perder a las personas y entiende que tú también eres una gran pérdida.

Rechazo. Esta herida se forma cuando sentimos que no se nos quiere, se nos valora o se nos acepta. Entonces aparece la sensación de exclusión, ya sea por parte de la propia familia o del grupo de iguales, como los compañeros de clase. Es decir, el niño percibe que sus necesidades, su forma de ser o incluso su presencia no son bien recibidas por sus figuras de referencia o por su entorno más cercano.

Cuando hablamos de rechazo, no siempre procede de expresiones verbales como «Ya no te quiero» o «No quiero estar contigo». Muchas veces se manifiesta a través de un distanciamiento emocional, una falta de contacto, de atención. Este tipo de experiencia puede llevar al niño a concluir que hay algo malo en él, que no es suficiente o que no merece que lo quieran.

Esta herida es muy común en niños que han vivido episodios de acoso escolar, donde se intensifica la idea de que no encajan o no son aceptados por quienes los rodean. Por ejemplo, un niño que desde pequeño escuchaba frases como «Eres demasiado sensible» o «No llores por tonterías» puede aprender a ocultar sus emociones para evitar que lo juzguen o lo rechacen. Con el tiempo, empieza a creer que su sensibilidad es un defecto. Pero es cierto que la herida de rechazo no solo se origina en la infancia, sino que también puede surgir en la edad adulta, cuando te sientes desplazado o no elegido.

La **máscara** que suele desarrollarse como mecanismo de defensa es la **huida**. Detrás de ella se esconde el miedo a volver a ser rechazado y, con ello, a revivir la sensación de no valer lo suficiente. Por eso, muchas personas con esta herida evitan la exposición emocional o ciertos tipos de vínculos que les puedan hacer sentirse vulnerables.

Además, esta herida impacta profundamente en la autoestima. El niño, al no comprender del todo lo que ocurre a su alrededor, tiende a atribuirse la culpa. Así, se convierten en adultos que buscan de manera constante la perfección o que prefieren no vincularse demasiado a otros con tal de no volver a sentir ese dolor.

A Clara siempre le recordaban lo bueno que era su hermano en todo: en el colegio, en casa, con la familia. Aunque nadie se lo decía con mala intención, ella creció sintiendo que no estaba a la altura, que había algo en ella que no encajaba del todo. Cada vez que su madre la corregía con frases como «Deberías aprender de tu hermano» o «A él no le tenemos que repetir las cosas», Clara pensaba que no bastaba con ser como era. Con el tiempo, empezó a callarse más, a esconder lo que sentía, a intentar pasar desapercibida. En su interior se formó esa idea de «Si no molesto, si no me muestro demasiado, quizá me quieran».

Si quieres saber si tienes la herida de rechazo, responde las siguientes preguntas:

- ¿Has tenido a lo largo de tu vida un sentimiento de falta de pertenencia?
- ¿Eres una persona que, cuando siente alguna emoción desagradable, prefiere estar sola?
- ¿Te comparas con los demás con frecuencia?
- ¿Sientes que necesitas demostrar constantemente tu valor para ser aceptado/a?
- ¿Te cuesta mostrarte tal y como eres por miedo a no ser suficiente?
- ¿Sueles evitar situaciones donde podrías destacar por miedo al juicio o al fracaso?

- ¿Tienes pensamientos frecuentes como «Mejor no digo nada», «Seguro que molesto» o «No encajo»?
- ¿Te resulta difícil aceptar cumplidos o reconocer tus logros?
- ¿Te sientes incómodo/a cuando alguien te presta atención o te elogia?

No es el rechazo lo que te rompe, es lo que decides creer después de él.

Humillación. Se trata de un daño emocional profundo que se instala en el niño a través de una experiencia vergonzosa, ya sea por mostrar su cuerpo, sus emociones o su comportamiento. Este tipo de experiencias suelen surgir cuando uno se siente menospreciado, ridiculizado o avergonzado en público. Frases como «¡Qué vergüenza!», «¡No hagas eso delante de la gente!» o «¡Pareces un bebé llorando por eso!» pueden dejar una marca duradera.

En la edad adulta, esta herida puede sentirse como una incomodidad con uno mismo, con el cuerpo, con las emociones y con el hecho de necesitar algo de los demás.

Como mecanismo de defensa, muchas personas desarrollan una máscara de autosacrificio, tratando de cuidar, ayudar o salvar a los demás como forma de demostrar su valor.

Viven con miedo a ser juzgadas o a parecer «demasiado»: demasiado sensibles, demasiado torpes, demasiado intensas...

Lucas tenía ocho años y solía hablar mucho en clase. Un día, su profesor lo hizo ponerse de pie delante de todos y le dijo: «Como a ti te encanta hablar tanto, ¿por qué no das tú la clase?». Todos sus compañeros se rieron. Lucas no entendió del todo por qué lo que había hecho era tan grave, pero sí sintió una gran vergüenza. Desde entonces, evitó participar en clase, se esforzaba por no llamar la atención y comenzó a sentirse «demasiado» por ser como era.

Ese tipo de experiencias, donde un niño es expuesto o avergonzado por su comportamiento, su cuerpo o su forma de ser, pueden dar lugar a esta herida. Esta marca interna se traduce más adelante en miedo a ser juzgado, en la necesidad constante de agradar o en el intento de controlar mucho su imagen para no volver a sentirse «ridículo» o «insuficiente».

Si quieres saber si tienes la herida de humillación, responde las siguientes preguntas:

- ¿Te sientes incómodo/a cuando eres el centro de atención?
- ¿Te exiges mucho para no equivocarte o no parecer débil?
- ¿Sientes vergüenza por cosas que hiciste de pequeño y que otros usaron para burlarse de ti?
- ¿Sientes que hay algo en ti que debes esconder o controlar?
- ¿Te sientes incómodo cuando otros te observan o te corrigen en público?

Lo llamaron «broma», pero a ti te dolió durante años.

Traición. Aparece cuando el niño se siente engañado por personas significativas para él, ya sea porque falló, no cumplió lo que prometió o rompió cierta promesa. Esta herida suele surgir cuando los padres o los cuidadores principales son inestables o impredecibles en sus conductas, lo que afecta a la seguridad del niño, creando cierta desconfianza en los demás y una sensación de alerta constante, a la espera de que los demás lo vayan a defraudar. La herida de traición también puede surgir con amistades o parejas.

El adulto con este tipo de herida suele tener una gran **necesidad de control** que se convierte en su **máscara**, es decir, su gran mecanismo de defensa, porque sienten que si bajan la guardia les volverán a fallar. En el trabajo puede afectar generando dificultad para delegar, en la pareja puede haber celos y sensación de sentirse abandonado cuando no hay razón aparente.

Claudia tenía siete años y contaba con entusiasmo a su padre los secretos que escribía en su diario. Un día, él, entre risas, los leyó en voz alta delante de la familia durante una comida. Todos se rieron, excepto ella. Se sintió expuesta, traicionada y desde entonces dejó de compartir cosas importantes. Aprendió que contar algo íntimo podía volverse en su contra. Hoy, de adulta, le cuesta confiar o abrirse, y prefiere mantener el control para no volver a sentirse tan vulnerable.

Si quieres saber si tienes la herida de traición, hazte las siguientes preguntas:

- ¿Te cuesta confiar plenamente en los demás?
- ¿Sientes que necesitas tener todo bajo control para estar tranquilo/a?
- ¿Te frustras cuando alguien no actúa como esperabas?
- ¿Te duele mucho cuando los demás no cumplen lo que prometen?
- ¿Tienes miedo a que te traicionen o te mientan en una relación?
- ¿Prefieres hacerlo todo tú porque «así sale bien»?
- ¿Qué ocurre si alguien te miente?

A lo largo de tu vida personas que creías imprescindibles te decepcionarán, y encontrarás apoyo en quien menos lo esperabas. No es traición ni suerte, sino la vida mostrándote que los vínculos no se controlan, se descubren.

Injusticia. Esta herida se ve muy bien reflejada cuando presencias conductas de ciertas personas que no te parecen adecuadas a tu alrededor e intervienes, aunque no tenga nada que ver contigo. De pequeño viviste muchas cosas ante las que no sabías cómo reaccionar, ya que tampoco tenías las herramientas para ello, y ahora no quieres que nadie se sienta como te sentiste tú.

El niño nace en un entorno en el que puede llegar a sentir que tiene que ganarse el amor o la aprobación de los demás. Es habitual en familias donde se premia el esfuerzo, pero no se permite el error; donde se corrige mucho, pero se valida poco, o donde se espera que el niño «sea fuerte» desde muy pequeño. Todo esto puede crear una autoexigencia que se mantiene a lo largo de los años y que lleva a sentir que nada es suficiente. Estas situaciones hacen que el niño desarrolle sentimientos de ira, resentimiento o desigualdad, ya que cree que no lo valoran ni lo respetan ni recibe lo que merece.

La **máscara** que adoptan las personas con esta herida suele ser la **rigidez**. Además, resulta habitual tener mucho miedo a mostrarse vulnerables delante de los demás. Quieren hacer todo perfecto para no tener conflictos, y el merecer las cosas, es decir, el esfuerzo, es muy importante. Este perfeccionismo y esta autoexigencia hacen que tengan mucho miedo a cometer errores y pueden ser personas que se comparan mucho con los demás.

Jaime era un niño que siempre se portaba bien, pero un día su hermano mayor lo convenció para jugar con el balón dentro de casa y rompieron un jarrón. Su hermano se fue y solo le regañaron a él. A Jaime le dolió el trato desigual, por mucho que dijo que su hermano también estaba en la casa. Esto hizo que Jaime no se permitiese equivocarse de nuevo.

Si quieres saber si tienes la herida de injusticia, responde las siguientes preguntas:

- ¿El esfuerzo y la disciplina son temas básicos en tu vida?
- ¿Eres muy crítico con los demás?
- ¿Tienes que actuar si ves algo injusto a tu alrededor?
- ¿Te enfadas cuando te percatas de que los demás no siguen las normas?
- ¿Crees que, si no te ganas el cariño, no eres merecedor de él?

Creciste pensando que no podías fallar, y ahora todo error te duele como si definiera tu valor.

Herida	Origen	Miedo principal	Máscara (defensa)	Consecuencias en la adultez
Abandono	Ausencia física o emocional de los cuidadores.	Soledad.	Dependencia.	Miedo a estar solo, necesidad constante de atención o compañía. vínculos dependientes.
Rechazo	No sentirse querido o aceptado por la familia o el entorno cercano.	No valer o volver a ser rechazado.	Huida.	Evita vínculos emocionales, perfeccionismo, baja autoestima, miedo a la exposición emocional.
Humillación	Haber sido avergonzado por el cuerpo, las emociones o el comportamiento.	Juicio o no ser suficiente.	Autosacrificio.	Se invalida a sí mismo, se siente incómodo con su cuerpo y sus emociones, se sobrecarga ayudando a otros.
Traición	Falta de coherencia o promesas incumplidas de figuras significativas.	Ser defraudado o pérdida de control.	Control.	Dificultad para delegar, celos, desconfianza, necesidad de tener todo bajo control.
Injusticia	Exceso de exigencia en la infancia, falta de validación emocional.	Error o vulnerabilidad.	Rigidez.	Perfeccionismo, autoexigencia, comparación constante, dificultad para mostrarse vulnerable.

Para poder curar las heridas de la infancia, lo más importante es identificarlas y después comprenderlas. La mayoría de las situaciones que nos ocurren no son nuestra culpa, a pesar de que tendemos a echárnosla a nosotros mismos, porque es más fácil pensar que si nosotros hubiéramos actuado de manera distinta, todo habría sido diferente. Pero eso no es así.

Para comprender las heridas hay que empezar a entender diferentes cosas. Las heridas suelen estar formadas por dos emociones principales: el miedo y la impotencia. Miedo a no ser suficiente, a ser rechazado, abandonado, engañado, humillado, a no encajar, a ser excluido o aislado. Impotencia porque el momento en el que suelen surgir estas heridas es cuando somos pequeños y no contamos con las herramientas necesarias para poder entender y enfrentarnos a esa situación, lo que hace que nos sintamos solos e indefensos.

Como bien he comentado varias veces en este libro, ya sea de manera directa o indirecta, nosotros no nacemos con las herramientas necesarias para enfrentar nuestro día a día, sino que es el papel de los adultos enseñárnoslas. No se trata de culpar a nuestros padres por lo que no supieron transmitirnos, ya que, como bien digo siempre en la consulta, no hay un manual de padres perfectos. Además, ellos también son humanos, cometen errores y vienen con sus propias heridas. ¿Cómo van a enseñarnos algo que ni ellos mismos saben?

Por todo esto, cuando mis pacientes acuden a la consulta por primera vez, siempre les hago tres preguntas que me gustaría que te hicieras ahora mismo. En primer lugar, ¿en casa te hablaban de emociones? Con esto me refiero a si te decían cómo se sentían ellos y te ayudaban a identificar cuál era esa emoción. Es decir, si cuando tenías un berrinche porque no te querían dar algo, verbalizaban: «Entiendo que te enfades, mamá o papá también se enfadan cuando no consiguen algo que quieren».

Para mí, esta es la pregunta más importante, ya que, si no te enseñan a identificar y gestionar las emociones desde pequeño, ¿cómo vas a expresar de mayor algo que desconoces?

Recuerda que las emociones no se heredan, sino que se enseñan. La mayoría de las personas si les preguntas cómo están te dirán «bien» o «mal», pero no te expresarán «triste», «enfadado», «frustrado», «alegre» o «con miedo», por mencionar algunas de ellas. Nadie puede expresar aquello que no le enseñaron a nombrar. Y muchas veces esto hace que los adultos crezcan sintiendo muchas cosas que no entienden del todo, creyendo incluso que sentirse así está mal.

Enseñemos a los niños a expresar sus emociones para que no se conviertan en adultos que evitan las conversaciones difíciles.

En segundo lugar, la otra pregunta es: ¿cómo solucionabais los conflictos en casa? La mayoría contestaréis que había gritos, que se hacía como si nada, pero pocos que se sentaban a hablar con vosotros de lo que había ocurrido. Esto hace que crezcamos huyendo del conflicto porque no nos han enseñado a gestionarlo. Además, en algunos casos aprendemos que enfadarse es malo o daña las relaciones e interiorizamos que es mejor callar o pasarlo por alto. Incluso, a veces, de tanto ignorar las cosas, cuando se nos acumulan muchas situaciones, explotamos soltando todo lo anterior, por lo que, al final, el conflicto es mucho mayor de lo que habría sido si lo hubiéramos solucionado en su momento. Ese niño crece sin saber poner límites, ya que la función principal del enfado es decir «Esto no me gusta» o «Esto yo no me lo merezco».

Expresar lo que sientes, comunicando que algo no te hace bien o que prefieres otra cosa, no es egoísmo, sino respeto por ti. Y si alguien se molesta por que pongas un límite, probablemente estaba acostumbrado a que no lo hicieras. Recuerda que expresar lo que sientes es una muestra de responsabilidad afectiva y que, aunque muchas veces no resulta fácil, es necesario.

Expresar que algo te molesta no te hace conflictivo, sino honesto.

Por último, pero no por ello menos importante, siempre pido a mis pacientes que describan las cualidades positivas que poseen. La mayoría la primera vez se quedan en blanco y otros a lo sumo son capaces de decirme tres o cuatro. ¿Cómo vas a saber qué te pasa si no te conoces? Gran parte de las heridas de la infancia dañan la autoestima y cuando esta se debilita es muy posible perderse en lo que los demás opinan o pueden llegar a pensar de ti. Por eso, es imprescindible conocerte más allá de tus heridas, tus traumas, tus errores o lo que los demás te hicieron creer de ti mismo.

La forma en que hoy te proteges emocionalmente está conectada con esa parte vulnerable que en el pasado fue herida y no pudo expresarse.

El legado emocional de la infancia

Para entender muchas de nuestras heridas de la infancia, hay que comprender cuál ha sido nuestra relación con nuestros cuidadores principales. Para ello, hablaremos del apego, que no es lo mismo que la dependencia. Cuando hablamos de apego, hablamos de vínculo, mientras que, si hablamos de dependencia, nos referimos a cuando nuestro estado de ánimo depende de cómo esté la otra persona con nosotros.

En este libro me centraré más en explicarte cómo funciona el apego en la infancia y las consecuencias que puede originar esto en la personalidad del niño. El apego no se forma, sino que se siente, y lo que se siente de niño se arrastra en la edad adulta.

Un niño no solo necesita que papá y mamá cubran sus necesidades físicas, sino que también es imprescindible que cuiden sus necesidades emocionales. A raíz de si estas se han cubierto bien o no, aparece el apego seguro o, por el contrario, los apegos inseguros, entre los que se encuentran el apego ansioso, el apego evitativo y el apego desorganizado.

Por tanto, podríamos especificar los diferentes tipos de apego por cómo fue el vínculo emocional entre el niño y sus figuras de referencia, y cómo aprendieron a regular sus emociones y sus relaciones basándose en ello.

Tipos de apego:

Apego seguro. Los cuidadores principales estuvieron presentes de manera constante y cariñosa, respondiendo a las necesidades físicas y emocionales del niño. Esto hacía que el pequeño se sintiera protegido y con confianza para explorar el mundo, sabiendo que siempre tendría un lugar seguro al que regresar. Además, sus padres validaban sus emociones, celebraban sus logros —ya fueran grandes o pequeños— y sabían cómo consolarlo cuando algo le hacía daño o le generaba malestar. Sus características suelen ser:

- Confiar tanto en él mismo como en los demás.
- Hablar cuando tiene un conflicto sin miedo al rechazo o al abandono.
- No siente que debe ganarse el amor, sino que lo merece.
- Tiene una autoestima estable, ya que se sintió visto, querido y escuchado.
- Se siente en calma en una relación porque sabe reconocer cuál es su valor.
- Se le da bien estrechar lazos y construir relaciones saludables.
- Es capaz de expresar que algo le molesta de manera asertiva.
- Tiene facilidad para comunicar sus emociones.

Apego ansioso. Para explicarlo, a mí me gusta dividirlo en dos partes. La primera es cuando el niño percibe que sus figuras de apego a veces están presentes y otras no; es decir, no sabe con certeza cuándo podrá contar con ellas, lo que le genera ansiedad. La segunda es cuando los padres han sobreprotegido al niño; el miedo de los padres se transmite a los hijos, y lo que surge es un miedo desbordado.

Además, en el caso de los niños sobreprotegidos, sus padres han tomado muchas decisiones por ellos, lo que les dificulta actuar por sí mismos. En ambos casos, se genera una sensación de incertidumbre constante, una alerta continua y miedo a la pérdida, dando lugar a un adulto que suele caracterizarse por:

- Miedo al abandono.
- Confía en los demás, pero no en él mismo.
- Sus emociones no están reguladas, son muy «intensas».
- Es de todo o nada.
- Tiene una baja autoestima.
- Busca cercanía y validación constante en los demás.
- Sacrifica sus propias necesidades para mantener la relación, es decir, le cuesta poner límites por si el otro lo rechaza o lo abandona.
- Miedo a la soledad.

Apego evitativo. Este tipo de apego suele darse en personas cuyos padres no prestaban mucha atención a sus emociones, ya que le daban más importancia a lo racional que a lo emocional y se enfocaban más en lo que «debían» hacer. Muchas veces llegan a consulta diciendo algo como «Me llevo bien con mis padres, pero no sé por qué me cuesta tanto abrirme emocionalmente». Es decir, los padres sí estaban, pero solo físicamente; no atendían las necesidades emocionales del niño, y eso hace que ahora le cueste conectar con sus propias emociones.

Al no poder conectar emocionalmente con sus figuras de apego, estos niños aprendieron a alejarse de sus emociones desagradables para no sentirse rechazados. De adultos, esto se refleja en sus relaciones: les cuesta comprometerse de entrada y suelen decir cosas como «vamos fluyendo», para mantener cierta distancia emocional hasta sentirse seguros.

Este tipo de apego se puede reflejar en niños cuyos padres no eran muy cariñosos, pero sí muy exigentes en la escuela. Además, son figuras que no saben consolar al niño cuando está angustiado o le enseñan que no debe depender de nadie o no debe mostrar debilidad, por lo que se convierte en un adulto que se caracteriza por:

- Necesitar aislarse cuando tiene un problema.
- Ser muy independiente y autónomo.
- Evitar los conflictos.

- Autosabotearse en las relaciones de pareja para no establecer una conexión profunda que le haga sentirse vulnerable; de esta manera evitan otra vez el posible rechazo.
- Confiar en sí mismo, pero no en los demás.
- No saber pedir ayuda.

Muchas veces se sabotean sin darse cuenta, evitan hablar de cosas profundas, se muestran distantes o encuentran excusas para no comprometerse del todo. No lo hacen para hacer daño; tan solo recuerdan lo que aprendieron de niños: mostrarse tal como son puede dar miedo.

Apego desorganizado. Yo lo llamo el «remix», porque tiene varias características tanto del apego evitativo como del apego ansioso. Surge cuando los cuidadores principales, que deberían ser quienes consuelan al niño y lo protegen, son también quienes le generan miedo, confusión o dolor. Es decir, son niños que crecen en entornos impredecibles, caóticos o amenazantes, donde sus figuras de apego fueron negligentes o abusivas (física o emocionalmente), y por ello hubo mucho trauma en la infancia. Este tipo de infancia crea una gran confusión en el niño, porque quiere acercarse, pero al mismo tiempo necesita alejarse para protegerse. Por tanto, un adulto con este tipo de apego se caracteriza por:

- Buscar conexión, pero temerla.
- Amar intensamente, pero desconfiar mucho.
- Está en alerta constante, como si algo malo le pudiera pasar.
- Le cuesta regular sus emociones.
- No confía en los demás, ni en sí mismo.

Si desde el principio nos explicaran que la salud mental de un adulto se define en la infancia, cuidaríamos con más amor el bienestar emocional de los niños.

El miedo al abandono y al rechazo, y su impacto en la adultez

Todos hemos tenido algún tipo de herida en la infancia, porque somos humanos y atravesamos experiencias que nos afectan, ya sea de forma directa o indirecta. La diferencia es que no todos gestionamos estas situaciones de la misma manera, ya que cada persona siente y expresa las cosas de forma distinta.

Hay personas que, ante el miedo al rechazo o al abandono, reaccionan diferente dependiendo del tipo de apego: el ansioso necesita la aprobación constante del otro para tener la seguridad de que no se irá, mientras que el evitativo se distancia frente a ese miedo. Ya que no hay una única manera de sufrir, ni de protegerse del dolor, ambos son mecanismos de defensa que se aprenden según lo que la persona ha vivido y puesto en práctica para sobrevivir al mundo en ese momento, pero eso no quiere decir que ahora le sea de ayuda.

Ser abandonado te hace buscar compañía a cualquier precio. Ser rechazado te hace dudar de si mereces que alguien se quede a tu lado.

La conexión entre pensamientos intrusivos, heridas emocionales y creencias

Las heridas emocionales no solo generan dolor, también producen creencias que influyen en cómo nos vemos a nosotros mismos, a los demás y cómo nos relacionamos con nuestro entorno. Estas creencias se originan porque la mente siempre siente la necesidad de entenderlo todo y, si ha pasado algo malo, es más fácil pensar que la culpa es tuya que en la responsabilidad de los demás. Si yo me echo la culpa a mí, podré cambiar y no volverá a suceder lo mismo. Así, generamos una falsa sensación de control. Nuestro pensamiento sería algo así como «Si yo cambiara, si fuera diferente, esto no pasaría».

Soy consciente de que reconocer este tipo de heridas emocionales puede ser complicado, así que quiero enseñarte a identificarlas de forma sencilla. Piensa en un momento en que hayas tenido un desacuerdo con tu pareja y te haya pedido tiempo para gestionarlo. En ese instante, desde tu herida podrías tener la necesidad de dialogar por temor a que esa persona se vaya. ¿Qué sucede aquí? Están tocando tu herida de abandono y sientes que esa persona puede irse, porque ya ha ocurrido en el pasado en otras circunstancias o con otras personas.

En realidad, tu reacción no solo se basa en el momento actual, sino también en todas las experiencias que has tenido antes. Muchas veces nuestras reacciones emocionales no tienen que ver solo con lo que ocurre, sino con lo que se despierta dentro de nosotros.

¿Alguna vez te ha ocurrido que has reaccionado de una manera desproporcionada a la situación y luego has reflexionado sobre por qué has respondido así? Entonces es cuando tienes que analizar lo que acaba de ocurrir y examinar qué te ha dicho esa persona o a qué te ha recordado esa situación que estabas viviendo. Cuando de manera inconsciente, un momento del presente nos lleva a una experiencia del pasado, nos encontramos con un **disparador emocional.**

Para comprender lo que es un disparador emocional resulta imprescindible entender que la intensidad de lo que sentimos no viene solo del presente, sino de cómo procesa el cerebro ese momento. En este proceso es fundamental el papel de dos estructuras del sistema límbico en el cerebro: el de la AMÍGDALA, que funciona como una alarma, es decir, ante una situación que percibe como amenazante activa una respuesta emocional automática, reaccionando con síntomas como ansiedad, miedo, huida o bloqueo; y el del HIPOCAMPO, que se encarga de intervenir en la generación y la recuperación de los recuerdos. Ambos trabajan en equipo con el archivo emocional del cerebro. Es decir, cuando pasamos por una situación emocional, la amígdala graba las emociones y el hipocampo guarda la escena completa con su temporalidad; si tras unos meses pasa una experiencia parecida, el hipocampo reconoce la situación y se activa la amígdala. En realidad, funcionan como un balancín, si la amígdala se activa en exceso por una emoción muy fuerte, el hipocampo registra la información de la sensación, pero no la temporalidad al quedarse hipoactivado. Es por ello por lo que en ocasiones sentimos las sensaciones más fuertes de lo que deberíamos y no sabemos por qué, o comenzamos a tener miedos inexplicables. Recuerda que, aunque haya un contexto y unas personas diferentes, el cuerpo puede revivir con la misma intensidad una situación distinta.

Para que lo entiendas mejor te pongo el siguiente ejemplo. Cuando Pablo era pequeño había muchas discusiones violentas, con muchos gritos, en su casa, por lo que se sentía desprotegido y muy asustado. Por una parte, el hipocampo, en ese momento, guardó el contexto, es decir, las personas que estaban, la voz alta y el lugar en el que ocurría. Por otra, la amígdala se encargaba de registrar esa amenaza como peligrosa y captó la emoción intensa de miedo. Cuando Pablo creció, si alguien levantaba la voz durante una conversación, a pesar de que no hubiera intención de hacer daño o un peligro real, su hipocampo identificaba esa situación como similar y ponía en marcha a la amígdala para que reaccionara ante esa situación. Muchas veces, saltaba cortante o se asustaba, y ahí reaccionaba desde su disparador emocional.

Para protegernos de estos momentos aparecen los pensamientos como «Y si mañana me echan del trabajo por no haber terminado el proyecto a tiempo», que viene de la creencia de no ser suficiente y de la herida de rechazo que surgió cuando mi padre me regañaba por sacar malas notas. Los pensamientos intrusivos aparecen como defensas de nuestras creencias para que no se repitan ciertas heridas. Estos pensamientos negativos de manera continua en nuestro día a día pueden generar emociones desagradables o ansiedad al rumiarlos, es decir, al entrar en un bucle de pensamiento capaz de bloquearnos o afectar a nuestra autoestima.

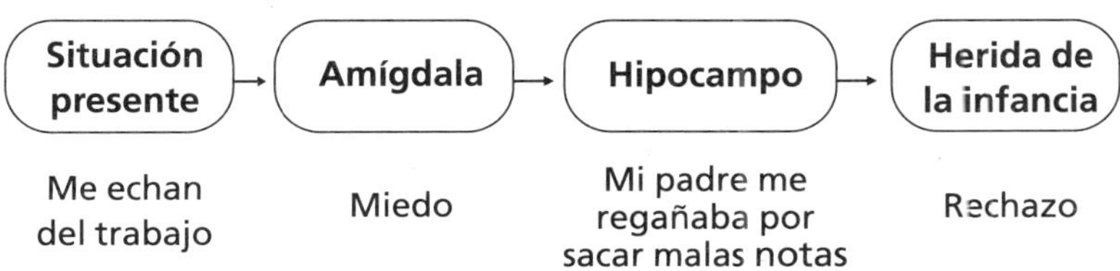

Lo que callaste
de niño
lo repites de adulto.

5

Patrones hereditarios.
La historia que seguimos sin darnos cuenta

¿Has pensado alguna vez en que te pareces a tu padre o a tu madre? ¿Qué crees que has heredado de cada uno de ellos en tu manera de ser? ¿Te gusta o te gustaría cambiarlo?

Cuando una generación no puede hablar de su dolor, la siguiente la expresa con síntomas.

Hay muchas emociones que sentimos que no comienzan en nuestra historia personal. Puede que estos sentimientos sean el eco de experiencias que no se trabajaron antes y que se han ido trasmitiendo de generación en generación, es decir, los llamados **«traumas transgeneracionales»**. Cuando hablamos de este tipo de trauma, se refiere a heridas emocionales que han pasado de padres a hijos a lo largo del tiempo hasta que alguna persona de la cadena familiar se ha enfrentado a ello y han roto el patrón. Es complicado identificarlo, ya que muchas veces son formas de sobrevivir que se volvieron costumbres.

Para que lo entiendas te lo explicaré de la siguiente manera:

- Si tus padres trabajaban muchas horas para poder salir adelante, puede que tu valor dependa de tu productividad, es decir, de lo que hagas y no de la persona que eres. Para ti, el considerarte útil era una manera de sentirte digno de amor y, por eso, el descanso no es una opción para ti. Aunque déjame decirte: a veces se necesita descansar para poder ver las situaciones desde una perspectiva distinta, eso que dicen de «desconectar para conectar».

Ejemplo: Verónica era una mujer que se quedaba trabajando hasta tarde en la oficina. Siempre repasaba si lo había hecho todo, y si no había podido terminar o había un problema sin resolver, se lo llevaba a casa..., si no físicamente, sí como una carga mental a la que no dejaba de darle vueltas. Cada vez que intentaba parar o no hacer nada, se sentía culpable. Solía decir que ella no sabía aburrirse, cuando en realidad lo que no sabía era descansar sin sentir culpa.

Cuando indagamos en su infancia, le pregunté qué recordaba de cuando iba al colegio. Ella lo verbalizó así: «En el colegio todo iba muy bien, mis padres estaban muy orgullosos de mí y siempre fui un ejemplo para mis hermanos, algo que sobre todo decía mi padre. A él lo veía muy poco, ya que viajaba mucho por trabajo y solo estaba en casa los fines de semana. Él solía presumir de que era muy buena estudiante y de que iba a llegar muy lejos». En ese instante lo entendió. Se dio cuenta de que sus padres la validaban después de un logro: sacar buenas notas o ayudar en casa. El cariño estaba ligado al rendimiento.

Entonces le pregunté: «¿Qué habría pasado si hubieras suspendido un examen?». Y Verónica me contestó: «Seguramente me habría sentido como si no valiera, como un fracaso... y ellos no estarían tan orgullosos como antes. Yo nunca he querido decepcionarlos».

Así comprendí que siempre había intentado cumplir

con sus expectativas, y le dije: «¿No es eso lo que te ocurre ahora en el trabajo o con los demás, que siempre quieres cumplir con lo que se espera de ti para no decepcionarlos?».

Cuando el cariño que recibiste de niño estaba condicionado por tus logros, de adulto puedes asociar el descanso con el fracaso.

- Si sientes que aguantas o les permites demasiado a otras personas hasta que decides irte o poner límites, en vez de disfrutar de las relaciones, puede que sean dinámicas heredadas donde el amor se experimenta como deber o sacrificio y no como una elección consciente. A veces, esto puede ser a causa de que en tu familia comunicar las emociones significa ser egoísta o irresponsable. Por eso, no te das permiso para cuidarte y establecer relaciones saludables y toleras situaciones que te hacen daño.

Ejemplo: Pedro vino a consulta porque decía que ya no sabía cómo gestionar una relación de amistad. Me comentó que llevaban más de diez años siendo amigos y que, hacía unos años, este comenzó a cambiar: se juntaba en la universidad con otras personas y, desde entonces, no lo trataba igual. Lo hacía sentirse culpable si no se hacía lo que él quería, no lo escuchaba y lo invalidaba constantemente. Aun así, a Pedro le daba miedo decírselo porque, a pesar de todo, tenían muy buenos recuerdos juntos y, cuando peor lo pasó en el colegio, él siempre estuvo ahí.

«¿Qué ocurrió en el colegio para que lo pasaras tan mal?», le pregunté. Él me contestó que había dos niños que no paraban de meterse con él y que, cuando se lo comentó a sus padres, ambos dijeron que eran cosas de niños, que si no les hacía caso aquello terminaría, que seguro que estaba exagerando.

Así, Pedro aprendió a minimizar lo que sentía, a invalidarse a sí mismo y callarse sus sentimientos, pues era más seguro que incomodar.

Las amistades también pueden herir. A veces el daño viene de alguien que conoció todas tus partes vulnerables y, aun así, eligió usarlas como arma. No era amistad, sino otra forma de control.

- Si viste que en casa cuando había un conflicto no se hablaba de los problemas, aprendiste a evitarlos, a callar y a seguir como si no hubiese pasado nada. Porque, seguramente, para ti afrontar ese problema significaría perder el vínculo o crear más dolor.

Ejemplo: Juan tenía un gran grupo de amigos, pero llevaba un tiempo en que cada vez le apetecía menos salir y no entendía el porqué. Me comentó que no había nada que lo preocupara, que no había pasado nada y que no tenía conflicto alguno con ningún miembro de su grupo. Y entonces le pregunté: «¿Qué hacéis cuando salís?». Me respondió que siempre hacían lo mismo: quedaban en el bar de confianza a las siete de la tarde y de ahí o se iban a casa o se tomaban unas copas en casa de alguien. Cuando quise saber si aquello era algo que le gustaba, Juan me respondió: «La verdad es que me gustaría hacer otro tipo de planes, pero como sé que los demás lo prefieren, opto por no decir nada. Además, ¿para qué se lo voy a decir si ya sé su respuesta?».

Quise profundizar algo más en esto y le pregunté: «¿Qué pasaba en casa cuando querías algo distinto o no estabas de acuerdo con lo que los demás decidían?».

Juan recordó que cuando era pequeño y protestaba porque no quería hacer lo que sus padres le decían, ellos le gritaban o le echaban en cara que era un egoísta que solo pensaba en sí mismo. Entonces le era más fácil ceder que discutir.

Juan había aprendido a ignorar sus necesidades para no generar un conflicto, ya que eso le provocaba malestar o incomodidad. Lo que en realidad le ocurría es que había acumulado pequeñas frustraciones con su grupo que lo alejaban emocionalmente de él, no porque ellos lo hubieran rechazado, sino porque él mismo se excluía al no expresar lo que de verdad le gustaría compartir. Si hubiera tenido conversaciones incómodas, podrían haber llegado a un punto medio.

Las relaciones no se desgastan de un día para otro, sino cuando se acumulan palabras no dichas, cuando evitamos conversaciones incómodas por miedo a discutir o a no ser entendidos.

- Si en tu familia aprecian más la estabilidad que el bienestar propio, quizá heredaste la creencia de que irte es fracasar, aunque quedarte te duela. Es decir, si tus abuelos o tus padres vivieron matrimonios donde convivían, pero ya no eran un equipo sino rivales, donde había muchas peleas o gritos, pero no eran capaces de separarse, lo podemos repetir en un futuro si no somos conscientes.

Ejemplo: Marta vino a la consulta porque llevaba muchos años pensando que ya no sentía lo mismo por su marido, pero le daba miedo dejarle porque eso podía hacerles mucho daño a sus hijos. Decía que la situación en casa cada vez era más tensa y que, aunque ambos sabían que ya no era lo mismo, actuaban como si no pasara nada. Me comentó que ya no se sentía ilusionada, que no había el mismo cariño y que habían caído en la rutina. Entonces le comenté: «¿Sois pareja o compañeros de piso?», y verbalizó: «Ahora mismo, compañeros de piso». A continuación le pregunté: «¿Habéis hablado alguna vez de esto?», y me dijo que ella se lo había dejado caer, pero que él evitaba la conversación. Ella cada vez se agobiaba más porque no quería una relación como la de sus padres, de la que solo recordaba gritos y faltas de afecto, pero que nunca dieron el paso de separarse.

Entonces, en ese momento, le expliqué que no solo tenía miedo a hacerles daño a sus hijos o a ser la culpable de destrozar su familia, una que hacía tiempo que ya no estaba unida, sino que parte de la dificultad de tomar esa decisión era su lealtad inconsciente a un modelo de amor fundado en el aguante.

A veces separarse con respeto enseña más que permanecer con rencor.

Cuando hablamos de este tipo de patrones que se heredan, no se trata de culpar a nadie. Siempre explico en consulta que se trata de entender y averiguar de dónde viene todo para poder cambiar o romper patrones. Tenemos que entender que cada persona tiene sus heridas y, desde ahí, intentar hacerlo lo mejor posible. Por eso, hay de mirar hacia atrás desde la curiosidad y no desde el juicio.

Que no seas tú quien te ha provocado la herida no significa que no tengas la responsabilidad de sanarla.

Cuando empezamos a identificar estas dinámicas heredadas aparece el llamado **«duelo de humanización»**. Este tipo de duelo aparece cuando dejas de ver a tus padres como «héroes» que, desde que eras pequeño, siempre tenían soluciones para todo y aceptas que ellos también son humanos que cometen errores y tienen carencias afectivas. Es una pérdida porque termina la visión perfecta que formaba parte de nuestra estabilidad emocional cuando éramos niños. Es decir, se rompe algo interno al dejar de sostener la versión que nos protegía del miedo y de la incertidumbre. Este duelo resulta doloroso y complicado, y hace que pasemos por diferentes fases:

- **Negación:** se trata de ese momento en el que al principio no podemos asimilar que las personas que nos debían cuidar y proteger son aquellas que, de manera indirecta, nos han hecho daño. Muchas veces, incluso aparece la culpa por pensarlo, por lo que comenzamos a justificar o a negar que eso nos ha generado dolor. Esto podría crear una resistencia a revisar la infancia con frases tipo «Pero mis padres me dieron todo lo que podían» para evitar el dolor que nos provocaría aceptarlo.

- **Ira:** después de pasar la negación y comenzar a aceptar cómo nos afectó que nuestros padres no supieran llegar a nosotros emocionalmente aparece el enfado. Esto hace que estemos con ellos más a la defensiva o que saltemos antes de tiempo, pero quiero recordarte algo: muchas veces el enfado es el guardaespaldas de la tristeza, como se refleja a la perfección en esta fase.

  Lo que en realidad nos pasa es que nos duele pensar que nuestros padres nos han generado conductas o patrones dañinos.

- **Aceptación:** cuando llega esta etapa, aparece también la calma. Empiezas a comprender que tus padres intentaron hacerlo lo mejor que pudieron con lo que tenían, que ellos también fueron niños con heridas sin resolver o que crecieron en otra época donde no se le daba tanta importancia a la inteligencia emocional.

  Se trata de entender que fallaron, pero no con maldad, sino con humanidad. Y sobre todo lo más importante es liberarte de la necesidad de que algún día cambien o te pidan perdón como necesitas. Así, dejas de luchar por un amor que no llegó de la manera en que tú lo necesitabas y comienzas a hacerte cargo de ti, de tu historia, tus decisiones y, lo más importante, de tus emociones.

Para sanar tanto las heridas transgeneracionales como el duelo es primordial poner nombres a las heridas, sin negar el cariño que también intentaron transmitirte tus progenitores, e identificar cuáles son las emociones que han provocado en ti. No se puede sanar lo que no se reconoce y, por tanto, debes permitirte sentir aquello que vetaste en su momento.

Pero recuerda: se trata de romper patrones, no vínculos, si tus padres siguen formando parte de tu día a día puedes transformar esa relación. Es el momento de poner límites sanos si lo necesitas, dejar de esperar lo que no llegará y cuidarte sin anularte.

Lealtades inconscientes: cuando repetimos por miedo o culpa

Ahora me gustaría que pensaras en tu infancia, en especial en tu relación con tus padres. Hazte estas preguntas:

- Cuando hacías algo que no les gustaba, ¿tus padres te hacían sentir mal por ello más allá de corregirte?
- ¿Para no decepcionar a tus padres o no hacerlos sufrir sentiste que debías portarte bien?
- ¿Recuerdas algún comentario como «Después de todo lo que hemos hecho por ti» o «Este niño/a solo nos da disgustos»?
- ¿Te sentías responsable de las emociones de tus padres?
- ¿Había cosas que no les contabas por miedo a su reacción?
- ¿Te sentías más a gusto fuera de casa que dentro de ella?

Si has respondido a la mayoría de las preguntas de forma afirmativa, es probable que en tu casa te hayan educado desde el miedo o desde la culpa, y que eso haya podido generar en ti temor a decepcionar o a no ser perfecto, necesidad de tenerlo todo bajo control, dificultad para establecer límites saludables o autoexigencia.

Por una parte, educar a través del miedo conlleva que el niño aprenda a comportarse desde las consecuencias, en vez de desde la comprensión. No entiende el porqué de sus actos, solo intenta evitar esas emociones desagradables, es decir, el conflicto. Los niños obedecen, pero no saben por qué lo hacen. No se sienten validados por parte de sus padres, sino vigilados, por lo que se genera una confusión entre el amor y la aprobación condicional.

En este tipo de educación son comunes frases como:

- «Cuando venga tu padre/madre, verás...».
- «No hagas que me enfade».
- «Como te portes mal, te dejo aquí».
- «No llores, porque entonces sí vas a tener motivos para llorar».

Por otra parte, está la educación a través de la culpa, en la que el adulto genera en el niño emociones desagradables cuando sus comportamientos no se ajustan a lo que él espera. Es decir, no hay consecuencias físicas, pero sí emocionales para el niño. Este tipo de educación se centra más en lo que el adulto siente que en lo que el niño está experimentando; no hay comprensión, sino reproche. Esto hace que el niño se sienta una «carga» y que confunda amor con complacencia para no decepcionar. Cuando crecen son personas que tienden a reprimir sus emociones.

En este tipo de educación aparecen frases como:

- «¿Tú quieres que me dé algo? ¿Eso es lo que quieres?».
- «Después de todo lo que yo he hecho por ti».
- «Si haces eso, me pondré muy triste».
- «Mira cómo haces que me ponga».

En la infancia el amor no se sentía condicional, sino condicionado por el comportamiento.

Ambos tipos de educación están muy relacionados con el sentimiento de culpa y, por consiguiente, con creencias como:

- «Si no cumplo con las expectativas de los demás, soy malo».

- «Si digo lo que pienso o necesito, puedo hacerles daño a los demás».
- «Tengo que ganarme el cariño».
- «No soy suficiente».
- «Los demás importan más que yo».

Cuando ese niño crece y se convierte en adulto, vive con un miedo persistente a fallar a los demás, aunque ya no haya consecuencias externas. Esta conducta está muy relacionada con las heridas de abandono y de rechazo.

Es común que cuando el niño crezca manifieste el llamado **«síndrome de sobreadaptación»**, dado a conocer por el psicólogo David Liberman. Él lo explica como la tendencia a intentar complacer a los demás y cumplir con las expectativas ajenas. Es decir, el individuo tiende a olvidar lo que él siente o necesita por satisfacer a los demás. De pequeño aprendió que no había espacio para uno mismo, por lo que tiende a reprimir sus deseos o necesidades, e incluso muchas veces se crea una desconexión entre su mente y su cuerpo y, cuando empieza a reparar el daño, le cuesta saber qué necesita. Ahora, tras leer esto, quiero que pienses o que preguntes sobre cómo fue la infancia de tus padres. ¿Entiendes muchos de sus comportamientos? ¿Reconoces el mismo dolor en tus padres?

Lo que no se sana se repite. Y lo que no se dice se hereda.

Si te has sentido identificado con ese dolor, con ciertas heridas o has repetido patrones de tus padres o antepasados, puede que sea una manera en la que buscas aliviar su sufrimiento o mantener su lugar dentro del sistema familiar.

Esto es lo que explica Mark Wolynn en su libro *Este dolor no es mío* mediante el concepto de **fusión**. Este hace referencia a cuando el niño se fusiona emocionalmente con alguno de sus progenitores, y suele pasar muchas veces cuando la educación ha sido a través de la culpa. En estos casos el niño carga con las expectativas de los adultos, que se enfocan más en sus emociones que en los sentimientos de este.

Puede manifestarse en la adultez de la siguiente manera: no se diferencia emocionalmente de sus progenitores, es decir, no se siente libre o no puede tomar decisiones sin sentir culpa; tiene la creencia de que debe cuidar o compensar el sufrimiento de sus padres; repite patrones de sufrimiento; fracasos o pérdidas similares a sus figuras de referencia, y tiende a convertirse en un salvador de los demás.

Liberarnos de lo que no nos pertenece

Ahora que hemos entendido que muchas de nuestras conductas disfuncionales no son realmente nuestras, sino que son aprendidas o heredadas, vamos a intentar desprendernos de ellas.

Spoiler: no será una tarea fácil, pero, no te preocupes, te acompañaré durante el proceso.

Lo primero es identificar qué conductas, reacciones o patrones no nos gustan de nosotros mismos. Una vez los tengas claros, pregúntate: ¿esto lo aprendí de alguien o es algo que desarrollé por mis propias experiencias?

Este paso resulta clave, porque para poder soltar primero necesitamos separar lo nuestro de lo que no lo es.

Para que te sea fácil, te propongo un ejercicio:

Dibuja dos mochilas. En la primera, escribe o retrata todo lo que sientes que cargas y que no es tuyo: miedos que no entiendes, pero te afectan; formas de amar que sientes heredadas, culpas impuestas y responsabilidades que en realidad no te corresponden. En la segunda, anota o dibuja aquellas conductas disfuncionales que sí proceden de tus propias experiencias.

Cuando aprendemos a identificar y a separar qué le corresponde a nuestra historia heredada y qué es de cosecha propia, establecemos un límite psicológico y emocional que nos permite reconocer qué responsabilidades o emociones nos corresponde atender y cuáles no. De esta forma, protegemos nuestra identidad.

Al poner estos límites entre los patrones heredados y los propios, reducimos la confusión interna que había surgido, y con ello, disminuye la ansiedad que aparece al mezclar emociones ajenas con las propias. Esto favorece la regulación emocional y ayuda a calmar nuestro sistema nervioso.

Este ejercicio solo te ayuda a diferenciar lo que es tuyo de lo que no, para que puedas aprender a soltar y dejar de cargar con lo que no te corresponde. Pero para soltar es necesario hacer un trabajo de base que muchas veces no podemos realizar solos. Por eso es tan importante ir a terapia.

Este libro puede ayudarte a entender parte de tu historia, pero el psicólogo te acompaña para cambiarla. Si sientes que estos patrones te están perjudicando demasiado, es recomendable que busques ayuda externa.

A cada persona le funciona una estrategia diferente, con un profesional distinto, porque todos somos únicos y lo que a ti te sirve puede no funcionarle a otra persona. Pero el simple hecho de identificarlo ya es un gran paso, porque comienzas a verlo desde fuera, desde otro punto de vista, y eso te ayuda a ser más objetivo.

La mente es como una
habitación desordenada:
no necesitas tirarlo todo,
solo aprender a colocar
cada cosa en su lugar.

6

Diálogo interno y el conflicto con el «no»

¿QUÉ ES EL DIÁLOGO INTERNO Y CÓMO SE FORMA?

El **diálogo interno** es el monólogo que tenemos con nosotros mismos, esas conversaciones que mantienes en tu mente a lo largo del día: «Sigue trabajando de esta manera, que lo vas a conseguir», «Podría haberlo hecho mejor». Este diálogo muestra tu manera de ver el mundo, de interpretar la realidad y cómo gestionas los conflictos que se te presentan a lo largo de la vida. Así, esta charla afecta a tu manera de actuar, de pensar y de sentir.

Esta conversación puede ser positiva, con frases como «Tú puedes», «Eres capaz, solo tienes que esforzarte un poco más», «Que esta vez no haya sido, no significa que no vayas a poder». Cuando nuestros pensamientos son positivos, nos motivan, potencian nuestra autoestima y nos impulsan a lograr nuestros objetivos personales.

Sin embargo, cuando este diálogo es negativo, el efecto es contrario, con frases como «Deberías haberlo hecho mejor», «Nunca lo haces bien», «En situaciones así, mejor no abras la boca» o «Siempre te pasa lo mismo». Estas frases hacen que aparezcan emociones desagradables como la culpa, la tristeza o la rabia. Si nuestra voz interior está formada por dudas, juicios o críticas constantes, tendremos que observar con detenimiento qué ocurre en nuestra autoestima. Seguramente tendremos una gran necesidad de control, ya que pensaremos todo el rato cuándo puede pasar algo malo para intentar predecirlo antes de que ocurra.

Para que veas la diferencia, te lo explicaré con un ejemplo sencillo:

Marta tiene al día siguiente un examen muy importante del C1 de inglés, que le da puntos para las oposiciones de Magisterio. Sabe que este año se ha centrado mucho en estudiar, pero que al inglés no le ha dedicado el tiempo que le habría gustado, ya que ha sido un año difícil para ella, lleno de cambios.

El día del examen está algo agobiada y le preocupa no alcanzar la puntuación necesaria, por lo que le vienen a la cabeza pensamientos como «No voy a ser capaz». Sin embargo, de repente se detiene, respira y se dice: «Voy a hacer todo lo posible ahora, y mañana ya veremos. He hecho exámenes en peores circunstancias y aun así lo he conseguido».

Con esa mentalidad, Marta se puso las pilas, se concentró y comenzó a repasar lo que consideraba más importante. Al día siguiente, hizo el examen y le salió muchísimo mejor de lo que esperaba.

Sin embargo, Fernando se encuentra en la misma situación. Lleva meses preparándose, junto con las oposiciones, el examen de C1 de inglés. El día anterior está muy agobiado, siente que no lo conseguirá y se repite a sí mismo en voz alta: «No sé para qué me presento, en el colegio siempre me costó muchísimo aprobar inglés». Él no valora hasta dónde ha llegado, solo se dice «Voy a suspender», «No sé ni para qué lo intento», por lo que, cada vez que intenta concentrarse, no es capaz de hacer más de tres ejercicios sin criticarse. Esta espiral de pensamientos le genera ansiedad y entra en un bucle de pensamientos negativos hasta llegar a pensar que suspenderá la oposición, por lo que no puede aprovechar la jornada de estudio como él quiere. Al día siguiente, Fernando se bloquea y cuando consigue salir de esos pensamientos ya ha perdido mucho tiempo.

La diferencia entre Marta y Fernando ante la misma situación estriba en cómo gestionan lo que les ocurre, es decir, en cómo se hablan a sí mismos. Marta, aunque al principio siente miedo, comprende que lo mejor es centrarse en el presente y apoyarse en un diálogo interno positivo. En cambio, Fernando, con un diálogo interno negativo, entra en un ciclo de pensamientos pesimistas que afectan tanto a su motivación como a su rendimiento. Para que identifiques cuál suele ser tu diálogo interno, te dejo una serie de preguntas:

- ¿Qué te dices cuando te equivocas?
- ¿Cuando algo no sale como quieres, crees que es culpa tuya?
- ¿Reconoces lo que haces bien o solo te enfocas en lo que no?
- ¿Te hablas con cariño o con dureza?

¿Qué es lo que hace que tengamos un diálogo interno positivo o negativo? La respuesta es nuestras experiencias pasadas. Si nuestros padres nos validaban cuando éramos pequeños (es decir, reconocían todo lo que hacíamos bien o nuestras cualidades y no solo nuestras notas), nos ayudaban cuando cometíamos errores o nos equivocábamos, y nos explicaban las cosas en vez de gritarnos, seguramente nuestro diálogo interno será positivo. Esto se debe a que la manera en que fuimos educados en la infancia está directamente relacionada con cómo gestionamos las dificultades en la adultez.

Cuando de pequeño nuestros cuidadores principales nos han ignorado o criticado, de adultos nuestro diálogo interno será negativo y exigente, por lo que nos costará asumir los errores.

En resumen, si hemos recibido apoyo y comprensión al equivocarnos, aprenderemos a hablarnos de manera comprensiva ante las dificultades. Por eso se dice que el diálogo interno es la voz del adulto que tuvimos a nuestro lado.

Tu diálogo interno define más tu vida que cualquier opinión externa.

¿Qué forma el diálogo interno?

Para que mis pacientes entiendan qué es el diálogo interno, yo siempre lo explico como una conversación entre tres partes internas: la parte crítica, el niño interior y el adulto consciente. Veamos con mayor detalle esas partes:

La voz crítica. Es la parte que se encarga de juzgar, evaluar y señalar los errores o las cosas que nos faltan por aprender. Todos la tenemos, ya que configura nuestros mecanismos de autorregulación y defensa. Esto se debe a que, en algún momento, cumplió una función adaptativa. Aparece muchas veces para intentar protegernos de cometer errores o de ser rechazados, y nos ayuda a mejorar, prevenir riesgos, favorecer el aprendizaje y actuar conforme a nuestros valores. El problema aparece cuando solo escuchamos nuestra voz crítica e ignoramos las otras dos partes.

Cuando esto ocurre, su tono se vuelve exagerado y puede generar sentimientos constantes de culpa y autodesprecio, lo que afecta a nuestra autoestima y alimenta la inseguridad en nosotros mismos. Puede llegar a bloquear el rendimiento y la motivación. Como ya sabrás, muchas veces, si una persona es muy autoexigente, o hace las cosas bien o no las hace por miedo a equivocarse. Esto, además, nos impide reconocer nuestros logros porque los consideramos un «deber». En nuestra cabeza sonarían frases como:

- «Nunca hago todo bien».
- «No sirvo para nada».
- «Nadie me querrá nunca».
- «Siempre me equivoco».
- «No voy a poder con esto».
- «Soy una carga para todos».

Niño interior. Esta parte representa la voz del niño que fuimos y necesita que la comprendamos y la cuidemos. Se encarga de expresar nuestras necesidades emocionales y se dice que es la pieza herida o, mejor dicho, la vulnerable.

Como dice Thích Nhất Hạnh: «De niño se tienen muchos sentimientos, pero es difícil expresarlos. Lo intentamos sin parar. A veces, aunque podamos encontrar las palabras, los adultos que nos rodean no son capaces de oírnos, ni de escucharnos, o no nos dejan hablar».

Esta voz suele activarse cuando tocamos heridas del pasado, es decir, ante un disparador emocional; esas situaciones en las cuales nos sentimos inseguros o vulnerables, aunque no seamos conscientes de ello.

Puede manifestarse en forma de **enfado**, que a veces se camufla como el **guardaespaldas del dolor**, o también de tristeza o miedo. ¿Alguna vez has notado que reaccionas con enfado o tristeza sin saber muy bien por qué? Esta parte se muestra cuando:

- No te sientes querido.
- No te sientes valorado.
- No te sientes escuchado.
- No te sientes comprendido.

Pero, por otra parte, también es nuestra parte impulsiva o creativa, que puede expresarse con alegría, jugar o bailar, es decir, aparece además cuando te sientes libre y sin preocupaciones, cuando por fin dejas de intentar controlarlo todo. Por ejemplo, si vas a cenar con tus amigos a la playa y, cuando uno propone que os bañéis de noche, sin pensarlo corres al agua.

Adulto consciente. Cuando hablamos del adulto consciente lo hacemos de la parte racional que nos une al presente, la que nos hace pensar y cuestionar todas nuestras partes. Aquella que nos dice: «Primero párate y piensa». Es decir, nos ayuda a avanzar, a escucharnos y a tomar las decisiones desde un lugar más calmado y sano. Esta parte es imprescindible para regular las otras dos.

Algunas frases en las que se puede reflejar el adulto consciente son:

- «Lo estás haciendo lo mejor que puedes».
- «Tú también te mereces descansar, aunque hoy no hayas podido llegar a todo».
- «Tu opinión cuenta».
- «No tienes que cargar con esto solo, puedes pedir ayuda».

Para que veas cómo se relacionan todas las partes te lo explicaré según el ejemplo anterior. En el caso de Marta, al enfrentarse al estudio de su examen de inglés salió la parte crítica del diálogo interno: «No voy a ser capaz», mientras que su niña interior decía: «No, no me siento suficiente». Sin embargo, apareció la adulta consciente y dijo: «Voy a hacer todo lo posible ahora y mañana ya veremos. He hecho exámenes en peores circunstancias y aun así lo he conseguido». Por lo que, a pesar de que su voz crítica estaba presente y le generaba un poco de inseguridad y su niña interior se sentía vulnerable, apareció su adulta consciente y tomó el mando de la situación para contener o regular las otras partes. Es decir, encontró el equilibrio.

En cuanto a Fernando, cuando se puso a estudiar apareció la voz crítica, que decía: «No sé ni para qué lo intento», «Voy a suspender», «No sé para qué me presento, en el colegio siempre me costó muchísimo aprobar inglés». Por otra parte, surgió la vulnerabilidad con pensamientos como: «No me siento suficiente», «No me siento capaz» o incluso «No me siento valorado». Pero esta vez no intervino su adulto consciente, por lo que le ganó el miedo y la inseguridad.

Cuando falta la voz del adulto consciente, como en el caso de Fernando, no somos capaces de regular y contener los pensamientos intrusivos, y esto nos genera un gran malestar. Por eso es de vital importancia esta parte del diálogo interno, ya que, sin esta voz, se crea un desequilibrio en el que pueden tomar las riendas la autoexigencia de la voz crítica, que se manifiesta con dureza hacia nosotros mismos, o la vulnerabilidad desbordada del niño interno. Que no haya un equilibrio interior puede desembocar en una serie de síntomas como:

- Inseguridad y miedo a equivocarnos.
- Sensación de que nunca es suficiente.
- Bloqueo de la creatividad o iniciativa.
- Ansiedad.
- Miedo al rechazo.
- Inhibición de emociones o descontrol sobre ellas (desbordamiento).
- Comparación con los demás.

No se trata de silenciar la voz crítica o el niño interior, sino de poner cada parte en su lugar correspondiente, ya que cada una tiene su función adaptativa. El adulto consciente es el que se encarga de ello, rescatando lo que es útil y descartando lo dañino o distorsionado. Con este ejemplo podemos entender la importancia de conocernos a nosotros mismos, de aprender a escucharnos y de reconocer qué llevamos en nuestra mochila emocional. Como explica María Esclapez en su libro *Tú eres tu lugar seguro*:

> Me gusta decir que todo aquello que experimentamos a lo largo de nuestra vida pasa a nuestra mochila emocional. Esta metáfora viene a decir que las huellas emocionales, tengan la forma que tengan, irán con nosotros a todas partes y condicionarán nuestras vivencias. Lo que aprendamos durante la infancia se reflejará en la adolescencia. Lo que aprendamos en la infancia y la adolescencia se reflejará en la edad adulta.

Tipos de diálogo interno

Dentro de nosotros pueden existir diferentes tipos de diálogo interno, ya que se adaptan a las experiencias que vivimos y se modifican a raíz de lo que aprendemos en nuestro día a día. Aquí te dejo los más comunes que he podido observar en consulta:

Autoexigente. Este diálogo se forma cuando, de pequeños, obtenemos mensajes constantes, de manera directa o indirecta, que expresan que debemos ser perfectos o que no debemos cometer errores, porque, si no, no valemos. Esto suele presentarse en personas a los que de niños se los validaba por sus logros o, al revés, se les recriminaba todo aquello que no hacían bien, lo que les provoca un efecto inverso en la edad adulta. Es decir, si de pequeños no sacaban muy buenas notas o resultados, se vuelven perfeccionistas en su trabajo, por lo que no toleran los errores. También puede surgir en personas que se han comparado con primos, hermanos u otros compañeros en el colegio, lo que los hizo llegar a sentirse insuficientes. Además, se puede dar en personas deportistas que son altamente sacrificadas en sus entrenamientos y competiciones, por lo que la creencia principal en este diálogo es «Mi valía depende de mi productividad».

Esto hace que, muchas veces, para no hacerlo mal, evitan hacerlo o lo dejan para otro momento. Este tipo de diálogo hace que seas una persona sacrificada, que te compares mucho con los demás, que nunca nada sea suficiente... y puede llevarte al agotamiento tanto mental como físico. Destacan frases como:

- «Podría haberlo hecho mucho mejor».
- «Debe ser perfecto o no sirve».
- «Descansaré cuando termine de hacerlo todo bien».
- «Me tiene que dar tiempo a todo, aunque me quede hasta por la noche».
- «Tengo que ser el mejor en esto».

Rumiante. Cuando en psicología hablamos de rumiar, nos referimos a la tendencia a darle vueltas a las cosas, a sobreanalizar todo. Esto puede aparecer en personas que han sufrido traumas en la infancia o han sido invalidadas, criticadas o controladas. Este monólogo de buscarle un porqué a todo solo lleva al agotamiento emocional. Además, genera estrés, ansiedad o insomnio. Se trata de la necesidad de tener todo controlado para prever sorpresas desagradables o sentirse vulnerable. Resaltan frases como:

- «¿Y si hubiera hecho otra cosa?».
- «No paro de pensar en lo que pasó».
- «¿Por qué me siento así?»
- «¿Y si lo que le dije le sentó mal y por eso no me habla?».

Autocrítico. Este tipo de diálogo se origina por crecer en un entorno en el que había juicios, invalidación emocional, comparaciones constantes o grandes expectativas. Esto da lugar a que la persona se evalúe sin cesar a sí misma, resaltando sus limitaciones y sus defectos. Tiende a compararse con los demás, hace hincapié en lo que le falta o lo que no tiene. Esto se debe a una baja autoestima que conlleva la creencia de que «No soy suficiente». Se relaciona con la autoexigencia y el perfeccionismo, y origina una frustración constante. Se pueden observar frases como:

- «No puedo».
- «No me lo merezco».
- «Podría haberlo hecho mejor».
- «Los demás lo hacen mejor».

Víctima. Se puede generar a raíz de haber crecido en entornos donde las necesidades emocionales se invalidaron, no se atendieron o hubo abuso o negligencias. Deja en las personas una sensación de que nunca hacen nada bien, por lo que el monólogo interno se caracteriza por entrar en un bucle de quejas, sin que se haga algo por cambiar la situación. Este tipo de diálogo se da en personas que se sienten desprotegidas y desesperanzadas. Tienden a tener una visión negativa de la vida y, por tanto, se genera una baja autoestima. Aparecen afirmaciones como:

- «Nadie me va valora».
- «Esto solo me pasa a mí».
- «La vida está en mi contra».
- «Nadie me entiende».

Catastrófico. Este diálogo surge cuando te has criado en entornos impredecibles, con amenazas, críticas o situaciones donde el peligro estaba presente de manera constante. Además, también puede transmitirse mediante la observación de padres que reaccionan con miedos o exageración. Este diálogo funciona como un mecanismo para protegerse del error o del peligro. La persona se anticipa y crea diferentes escenarios negativos posibles en su cabeza que pueden llegar a desencadenar un ataque de pánico o ansiedad. Este diálogo puede generar síntomas como miedo, ansiedad, desgaste. Las frases más comunes son:

- «Esto va a salir mal seguro».
- «Repetiré el año que viene».
- «No me van a escoger nunca».

Automotivador. Este monólogo se forma en entornos en los que se han validado los logros y los esfuerzos durante la infancia; los niños se han sentido reconocidos y acompañados. Además, es el diálogo que suele utilizarse en momentos estresantes o tensos, en los que verbalizamos una y otra vez lo bien que lo estamos haciendo. En situaciones en las que necesitamos una gran concentración, este tipo de conversación con uno mismo fortalece el compromiso y minimiza el desgaste, por lo que aumenta la autoestima y refuerza la seguridad interna. Se verbalizan frases como:

- «Tranquilo, eres capaz».
- «Has trabajado mucho para estar aquí, vas preparado».
- «Paso a paso, Roma no se construyó en un día».

Autocompasivo. Se produce cuando la persona se habla a sí misma con amabilidad, comprensión y empatía. Proviene de un entorno en el que al niño le han explicado que sus emociones son importantes y se ha convertido en un adulto capaz de satisfacer sus necesidades emocionales. Es decir, es aquel diálogo que conecta a la persona con el entendimiento de por qué hace las cosas, favoreciendo la regulación emocional, la autoestima, minimizando el juicio y, sobre todo, reforzando el autocuidado. Además, se trata de un lenguaje realista, que no ignora que haya dificultades, pero que tampoco las exagera. Las frases más comunes suelen ser:

- «Puedes con todo, pero no con todo a la vez».
- «Es natural sentirse así y que lo que esté ocurriendo te afecte».
- «Hiciste lo que podías con las herramientas que tenías».

DIÁLOGOS	ORIGEN	SÍNTOMAS	FRASES
Autoexigente	Validación por logros. Recriminación por errores. Comparaciones (hermanos, primos, compañeros). Sensación de insuficiencia. Perfeccionismo. Deportistas sacrificados.	Evitación. Procrastinación. Comparación constante. Sacrificio excesivo. Agotamiento mental y físico.	«Descansaré cuando termine de hacerlo todo bien». «Debe ser perfecto o no sirve».
Rumiante	Traumas infantiles. Invalidación. Críticas. Control excesivo.	Agotamiento emocional. Estrés. Ansiedad. Insomnio.	«¿Y si lo que le dije le sentó mal y por eso no me habla?». «¿Y si hubiera hecho otra cosa?».
Autocrítico	Juicios. Invalidación emocional. Comparaciones. Grandes expectativas.	Autoevaluación constante. Enfoque en limitaciones. Comparación con otros. Sensación de insuficiencia. Autoexigencia. Perfeccionismo. Frustración constante.	«No me lo merezco». «Los demás lo hacen mejor».
Víctima	Invalidación emocional. Necesidades no atendidas. Abusos. Negligencia.	Visión negativa. Baja autoestima. Desprotección. Desesperación.	«Esto solo me pasa a mí». «La vida está en mi contra».

Catastrófico	Entornos impredecibles. Amenazas. Críticas. Peligro constante. Modelado de miedos y exageración de los padres.	Miedo. Ansiedad. Ataques de pánico. Desgaste.	«Esto va a salir mal seguro». «No me van a escoger nunca».
Automotivador	Validación de logros. Entorno que ha dado reconocimiento y acompañamiento.	Concentración. Compromiso. Aumento de autoestima. Seguridad interna.	«Tranquilo, eres capaz». «Has trabajado mucho para estar aquí, vas preparado».
Autocompasivo	Entorno amable, comprensivo y empático. Validación de emociones. Satisfacción de necesidades emocionales.	Regulación emocional. Autoestima. Reducción de juicio. Refuerzo del autocuidado.	«Puedes con todo, pero no con todo a la vez». «Hiciste lo que podías con las herramientas que tenías».

Estrategias para transformar el diálogo interno

Como hemos visto antes, no todos los pensamientos que tenemos sobre nosotros mismos nos ayudan. Tener un diálogo interno que funcione es clave para cuidar nuestra autoestima. Quizá te estés preguntando: ¿cómo puedo empezar a hablarme mejor o darme cuenta de cómo me trato? Muchas veces, hasta que alguien no nos lo señala, ni siquiera reparamos en cómo nos criticamos, nos culpamos o nos saboteamos. Por eso, primero te propongo que reflexionemos un poco con estas preguntas:

- ¿Qué cosas te dices cuando cometes un error o algo no sale como esperabas?
- ¿Cómo reaccionas ante tus logros: los celebras o los minimizas?
- ¿Qué frases te repites constantemente en tu cabeza?
- ¿Tu diálogo interno te ayuda a encontrar soluciones o te bloquea?
- Cuando te equivocas, ¿te críticas, te culpas o buscas aprender de la experiencia?
- ¿Sueles anticiparte a lo peor cuando enfrentas un problema?
- ¿Tu diálogo interno cambia según con quién estés o cómo te perciban los demás?
- ¿Te culpas a ti mismo o buscas soluciones primero?
- ¿Qué emociones surgen antes: miedo, frustración o calma?

- ¿Qué pequeño cambio podrías hacer hoy para mejorar tu diálogo interno?

Cuando hablamos del **autosabotaje** en el diálogo interno, lo hacemos de los pensamientos negativos que provienen de las creencias limitantes que ya hemos visto. Para que lo tengas más claro, te pongo un ejemplo. Imagina que tienes que presentar un trabajo importante en la universidad. Desde tu lenguaje interno pueden surgir pensamientos intrusivos como:

- «Seguro que no me da tiempo».
- «No doy la talla».
- «No llegaré a todo, tengo que buscar demasiada información».
- «Me va a costar resumir todo esto».

Estos pensamientos pueden generarte agobio, bloqueo, estrés e insomnio, por lo que puedes llegar a procrastinar la tarea, haciéndolo todo en el último momento. Cuando hablo de procrastinación me refiero a posponer aquellas cosas que son importantes, aunque sepas que resultan prioritarias y que aplazarlas podría dar lugar a consecuencias negativas. En este caso, el autosabotaje haría que no aproveches el tiempo pensando en lo que podría pasar y los efectos que podría traer, lo que te resta concentración y atención a lo que de verdad estaba en tu mano, que era organizarte y ponerte en ese mismo momento.

Hay dos cosas clave: la primera es aprender a regularse emocionalmente, y la segunda, identificar e intentar cambiar o minimizar esos pensamientos intrusivos.

La regulación emocional es la manera que tenemos los seres humanos de identificar, comprender, manejar y gestionar las emociones. Si esto falla, cuando haya un problema no sabremos manejarlo desde la calma, y seguro que lo haremos desde la emoción, o intentaremos ignorarlo o evitarlo, aumentando así nuestro malestar.

Lo principal es aprender a identificar esas emociones. Para ayudarte, te dejo aquí la rueda de las emociones que siempre les doy a mis pacientes en consulta:

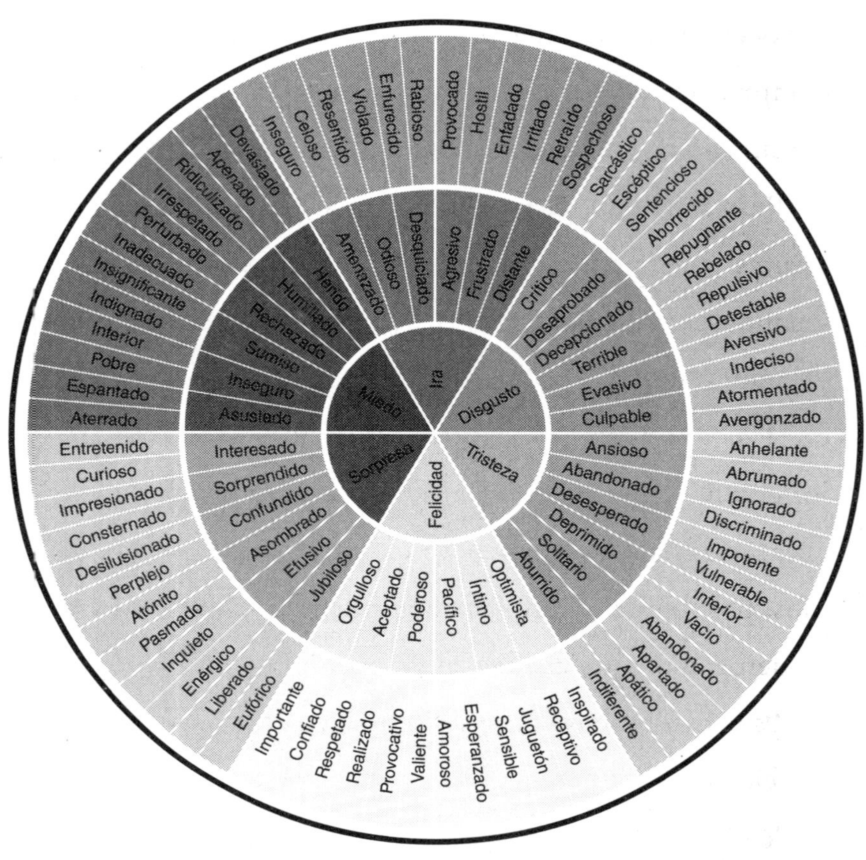

Entender las emociones que producen ciertos pensamientos puede ayudarnos a comprender las creencias o preocupaciones que hay detrás. Identificar la emoción que sentimos en cada momento hace más fácil parar y no actuar desde la impulsividad y, lo más importante, nos permite validarnos, comprendernos y cuidarnos. Así, reconocer tus emociones te ayuda a identificar patrones, comprender tus reacciones y responder de manera más adecuada a las situaciones que se te presentan.

Pero lo que en realidad yo siempre aconsejo a mis pacientes para mejorar el diálogo interno es la escritura. Cuando escribimos, soltamos, proyectamos las cosas fuera de nuestra cabeza y las vemos de manera más objetiva, porque los pensamientos ya no parecen tan reales. Al exponerlos en una hoja, nos liberamos y, si además identificamos cómo nos hacen sentir esos pensamientos, nos regulamos, por lo que es más fácil aprender a cambiarlos. Pero recuerda, esto requiere paciencia y tiempo.

Para que mejores el diálogo interno, te propongo un ejercicio:

Yo siempre recomiendo un diario en el que escribamos todos los pensamientos negativos y las emociones que nos producen las situaciones que hayamos vivido y que nos preocupen, y lo más importante: que anotemos al menos tres cosas por las que estamos agradecidos. Este hábito diario puede durar cinco o diez minutos, pero el resultado posterior puede ser increíble. A veces se trata de cambiar la perspectiva y qué mejor que mirarlo desde otro lado, sin juzgar, sin criticar, simplemente cuidándote. Queremos que los demás nos cuiden, nos traten bien, nos den las gracias, pero al final somos nosotros mismos los que no lo hacemos.

Estamos tan acostumbrados a mirar lo que nos falta, lo que no nos va bien y lo que nos hace sentir mal que damos por hecho lo que tenemos, lo que debemos hacer o lo que hacemos bien.

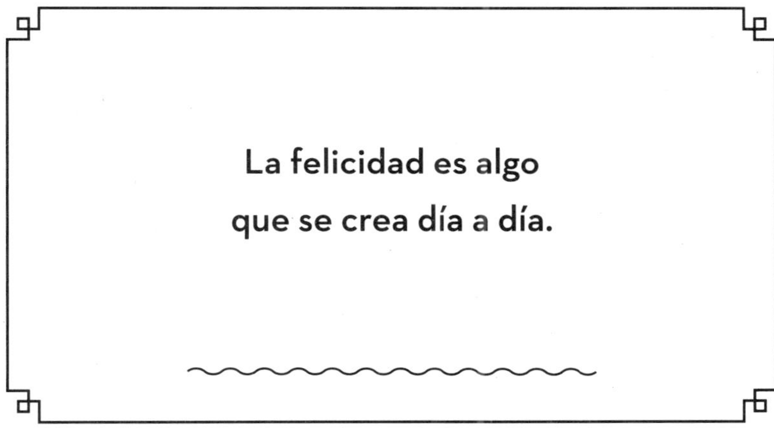
La felicidad es algo
que se crea día a día.

7

La importancia de conocernos para no repetir patrones

El autoconocimiento como herramienta de cambio

Para este capítulo me gustaría hacerte una pregunta muy importante: ¿querrías a alguien que no conoces? Seguro que tu respuesta es no, pues lo mismo pasa contigo mismo. ¿Cómo vas a quererte si no sabes cómo eres por dentro, cuáles son tus verdaderos miedos, qué sientes, y qué es lo que necesitas para sentirte seguro? Conocerte es mirarte sin filtros. Pregúntate: ¿serías amigo tuyo? ¿Entiendes de dónde vienen tus reacciones? ¿Escuchas lo que tu cuerpo quiere decirte? Cuando empiezas a comprender quién eres, también comienzas a ponerte en el lugar que mereces.

Es difícil amar lo que no se comprende. Es complicado cuidar lo que no se ha aprendido a mirar.

El **autoconocimiento** es un proceso constante y honesto en el que la persona comprende sus cualidades, valores, fortalezas y limitaciones, transitando el malestar o la incomodidad como parte del camino. Esto permite mejorar el bienestar emocional y alinear la vida con los verdaderos objetivos personales.

Este proceso es de vital importancia, ya que, si no, muchas veces tomamos decisiones que, en el fondo, no nos representan, actuamos de manera impulsiva, nos sentimos perdidos, construimos relaciones desde la carencia o, incluso, nuestro estado de ánimo depende más de lo externo que de lo interno. Aun así, es cierto que no todo el mundo se encuentra preparado para abrirse al autoconocimiento, porque, para ello, tenemos que mirar de frente aquello que más intentamos esconder.

Si estás listo para enfrentarte a la incomodidad, me gustaría que contestaras las siguientes preguntas, ya sea en alto, en las notas del móvil o en un papel:

- ¿Qué partes tuyas sueles esconder por miedo al juicio?
- ¿Qué te define más allá de tu trabajo?
- ¿Qué emoción te cuesta más expresar?
- ¿Qué te hace sentir paz?
- ¿Evitas los conflictos o les haces frente? Si los eludes, ¿por qué crees que lo haces? ¿Qué miedo hay detrás?
- ¿Qué evitas por miedo a fracasar?
- ¿Qué harías si no tuvieses miedo?
- ¿Reconoces tus logros o los minimizas?

El cuerpo habla, la mente evita

Nuestra mente y nuestro cuerpo siempre intentan protegernos y, cuando sentimos incomodidad, dolor o nos ocurre algo difícil de aceptar, tratamos de alejarnos de la situación, aunque eso nos genere ansiedad o malestar. Se trata del **mecanismo de evitación**, una de las maneras que tenemos de defendernos y encontrar un alivio inmediato.

Esto hace que la mayoría de las veces nos mantengamos ocupados para que la mente no piense y evitar así esa incomodidad, lo que llamamos «vivir en modo automático». Lo evitamos porque pensamos que con el tiempo todo pasará, pero recuerda algo muy importante:

El tiempo por sí solo no lo cura todo, lo que sana es lo que hacemos en ese tiempo.

Cuando recurrimos a esto, no entendemos qué nos pasa, qué nos duele o por qué nos sentimos como lo hacemos y solo paramos cuando no podemos más. El problema es que muchas veces es nuestro cuerpo el que nos acaba avisando a través de migrañas, mareos, cansancio, problemas digestivos como dolores de barriga o náuseas, insomnio o apatía, es decir, lo que ya he comentado que consideramos somatización.

Por eso, solo al aprender a escucharlo y atenderlo podemos encontrar el camino hacia la calma o la regulación emocional.

Para ello, te ofrezco un ejemplo de cómo nuestro cuerpo nos manda señales:

Alicia es una mujer de veintinueve años. Lleva semanas sintiéndose agotada en el trabajo: está bajo mucha presión, no se siente valorada por su jefe y además lidia con problemas en su relación de pareja, pero no habla de ello con nadie.

Cada vez que algo la estresa o le produce malestar emocional, cambia de tema, se distrae trabajando más o se dice a sí misma: «No es para tanto, ya se me pasará». De este modo solo consigue invalidarse a sí misma y, poco a poco, empieza a notar síntomas físicos:

- Dolores de cabeza frecuentes.
- Tensión constante en el cuello y la espalda.
- Sensación de nudo en el estómago o en la garganta.
- Insomnio.
- Vacío o una opresión en el pecho, sin razón aparente.

Alicia acude al médico, pero no encuentran una causa orgánica clara. Le dicen que «todo parece estar bien», pero ella sigue sintiéndose mal. En realidad, su cuerpo está expresando lo que ella no se permite sentir o reconocer emocionalmente. Ese estrés no gestionado, esa tristeza contenida y ese miedo que no ha querido asumir salen a la luz a través del cuerpo. Es una forma inconsciente de «pedir ayuda» o atención.

La invalidación puede ser invisible, pero muy dañina

En el caso de Alicia no solo se puede observar la somatización, sino que también es muy importante destacar la invalidación emocional, en especial cuando ella le quita importancia a lo que siente.

Hablamos de **invalidación emocional** cuando los demás o incluso nosotros mismos hacemos que nuestras emociones o necesidades parezcan poco importantes o sin valor. Aparece a través de frases como «No es para tanto», «Hay personas que están peor», «Estás exagerando», «Vaya drama» o «Eso es una tontería». Es algo que muchas personas han vivido, pero no han sabido ponerle nombre.

Cuando nos invalidan de forma continuada, comenzamos a dudar de lo que sentimos, lo cual puede llevarnos a **autoinvalidarnos**. Como consecuencia, dejamos de expresar nuestras emociones o problemas por miedo a incomodar, parecer débiles o convertirnos en una carga para los demás. Esto genera una desconexión emocional interna, en la que negamos, minimizamos o reprimimos lo que sentimos. A largo plazo, esta desconexión puede provo-car una pérdida de confianza en nosotros mismos y un aumento de la autocrítica.

Introspección: un acto de autocuidado

Aquí es donde entra la **introspección**, que equivale a parar, mirar hacia dentro y hacerse preguntas.

La introspección consiste en observar y reflexionar sobre el origen de nuestras reacciones, emociones y conductas. No se trata de sobrepensar ni de juzgar lo que sentimos, sino de escucharnos con curiosidad y compasión.

Practicarla puede ser tan sencillo como dar un paseo a solas o escribir en un diario. Lo importante es dedicar un espacio para hacernos preguntas como:

- «¿Qué estoy sintiendo realmente?».
- «¿Qué necesito en este momento?».

Esta última pregunta es clave. Pasamos tanto tiempo pensando en las necesidades de los demás que se nos olvida que nosotros también tenemos las nuestras.

Nos abandonamos cuando olvidamos satisfacer nuestras propias necesidades por satisfacer las de los demás.

No es lo mismo el autoconocimiento que la autoevaluación

El **autoconocimiento** es todo el conocimiento que tienes sobre ti mismo. Es un proceso constante en el que la persona busca e intenta entender quién es. Es curioso, porque seguramente este concepto te lleve a cosas racionales como «Soy bueno en mi trabajo», «Se me da bien escribir»...

Pero ¿dónde queda lo emocional? ¿Qué es lo que te hace daño? ¿Qué es lo que te pone triste? ¿Qué te calma? Es decir, ¿qué es aquello que te regula?

Muchas veces se confunde la autoevaluación con el autoconocimiento. Mientras que el **autoconocimiento** es saber cómo somos, la **autoevaluación** se basa en el juicio. Solemos analizarnos a través de lo que hacemos bien o mal, si cumplimos con las expectativas de los demás... Es decir, nos evaluamos por lo que hacemos y no por lo que sentimos.

El verdadero problema está en que, cuando nos quedamos solo con lo que evaluamos, nos olvidamos de todo lo que hay debajo. No profundizamos en por qué nos ha pasado algo, por qué hemos reaccionado así o el motivo de nuestro bloqueo. Y aquí es donde entra en juego algo fundamental: la regulación emocional.

Si yo te preguntara cuáles son las emociones básicas, seguro que no sabrías decirme todas. Las seis emociones básicas son alegría, tristeza, miedo, enfado, asco y sorpresa. Resulta imprescindible tener presente que las emociones no son positivas ni negativas, sino agradables o desagradables, ya que todas tienen su función. Y la sorpresa es neutra, ya que, dependiendo de la situación, puede ser agradable o no.

La **alegría** nos impulsa a hacer cosas que nos hacen sentir bien y, si conseguimos un ascenso en el trabajo, eso nos motiva a seguir trabajando.

La **tristeza** nos enseña qué cosas nos duelen o no nos gustan, permitiendo procesar duelos, adaptarnos a los cambios y pedir ayuda cuando es necesario. Pero, sin tristeza, no habría alegría, porque sin una no podríamos distinguir lo que nos hace sentir bien de lo que no.

El **miedo** nos ayuda a protegernos de un peligro o a no tomar decisiones precipitadas. Por ejemplo, lo sentimos ante una situación incierta, lo que nos hace ser más precavidos.

El **enfado** nos indica que se ha cruzado un límite, que algo nos parece injusto o nos hace daño. Por eso se dice que el enfado es el guardaespaldas de la tristeza, porque, en el fondo, lo que sentimos en realidad es tristeza. Muchas veces, cuando alguien escucha algo que le duele, responde con enfado y palabras hirientes, ya que no le gusta sentirse vulnerable. El enfado actúa entonces como una forma de proteger esa tristeza que no quieren mostrar.

El **asco** nos ayuda a identificar y rechazar aquello que nos parece desagradable. Por ejemplo, a detectar un alimento en mal estado.

La **sorpresa** nos ayuda a manejar lo que no controlamos, para bien o para mal; es decir, nos facilita adaptarnos a los cambios. Si nos dan una noticia inesperada, la sorpresa hace que redirijamos nuestra atención y reaccionemos de manera adecuada.

Para ayudarnos a identificar las emociones, yo siempre recomiendo el emocionario, que es como un diccionario, pero de emociones. Si tenemos peques en casa, lo veo como un libro fundamental para tener en la estantería. Pero no es solo importante saber la función de las emociones, sino también identificarlas en nuestro cuerpo, algo clave para aprender a gestionarlas. A veces, como hemos explicado antes, se manifiestan con la somatización, como nudo en la garganta, presión en el pecho, dolor de barriga o tensión. Por eso, para que nuestro cuerpo no termine desbordándose, es importante pararse a escuchar con atención qué sentimos y atender esa necesidad.

Lo que no se habla el cuerpo lo grita.
Ponle nombre a lo que sientes
antes de que se transforme en otra cosa,
como ansiedad, insomnio o malestar general.
Reconocer esa emoción a tiempo
es la diferencia entre gestionarla
o cargar con ella.

8

Límites.
La clave para dejar de permitir lo que nos daña

¿Qué significa poner límites y por qué nos cuesta tanto?

Muchas veces aceptamos cosas que no queremos, porque total, ¿qué me afecta a mí ir a un sitio u a otro?, o ¿qué más da ir mañana que la semana que viene al cine? Pero el problema está en que, cuando casi siempre nos da igual por no crear un problema externo, surge uno interno.

Sí, sí importa nuestra opinión o lo que queramos. Sobre todo, lo más importante es comunicarlo, porque siempre se puede llegar a un punto medio. Ahora bien, lo que no se puede permitir son las faltas de respeto camufladas de bromas o todo aquello que a ti te cause malestar. Y para que esto no repercuta en tu salud mental, están los **límites**.

Si buscamos sinónimos de **«límites»**, pueden aparecer palabras como «barrera», «delimitación», «línea», «margen» o «tope». En definitiva, se trata de aquello que te separa a ti de la otra persona, sobre todo si lo utilizamos en términos psicológicos.

Y no, no confundas poner límites con el egoísmo, porque en realidad es una forma de **autocuidado.** ¿Por qué tendrías que hacer o tolerar cosas que no quieres?

Por tanto, un límite es una barrera invisible que separa tus necesidades de las del otro. Es decir, es aquello que distingue lo que tú quieres de lo que el otro espera o necesita.

Porque hay algo muy importante que debes entender: **los límites no se los pones al otro, sino a ti mismo**. Es decir, se trata de definir **lo que estás dispuesto a permitir, aceptar o aguantar**, no de lo que le niegas al otro.

El problema está en que, muchas veces, no sabemos poner límites porque no nos hemos planteado qué estamos dispuestos a tolerar y qué no. Así, si no sabemos qué nos hace bien o mal, es complicado decir «hasta aquí».

Como muchas veces resulta más fácil pensar en lo que

no te gustaría que le pasara a tu mejor amigo, madre, hermano o hijo, quiero que pienses en ello. Y después... te pregunto a ti: ¿si esas acciones no las quieres para ellos, por qué sí las permites en ti? ¿Por qué tú no mereces respeto o protección? No mereces menos. Y recuerda: **la empatía sin límites es autoabandono.**

Complacer a los demás cuando no quieres es decirte «no» a ti mismo. Tu bienestar también importa. Vales tanto como los demás y mereces escucharte con la misma atención con la que escuchas a otros.

Todo el mundo merece cuidarse, y no solo físicamente. **También tenemos que cuidar nuestra mente de otras, porque no todos merecen estar en nuestra vida.** A veces, hay personas que llevan tanto tiempo ahí que nos cuesta decirles que ya no queremos hacer esos planes o compartir ese tiempo con ellas. Y lo entiendo, a veces es difícil.

Pero ¿te has planteado por qué te aburres, te sientes incómodo en su presencia o incluso te produce rechazo?

Una vez me salió un vídeo de Elisabeth Clapés (@esmi psicologa) en Instagram que hablaba de esta metáfora:

> Si montas una empresa, no contratas a la primera persona que pasa con un currículum en la mano. Haces un proceso, entrevistas, observas, valoras... y eliges a quien quieres que forme parte de tu proyecto. Con tu vida pasa lo mismo: no todo el mundo merece un lugar en ella.

Habrá personas que hayan compartido contigo etapas maravillosas y te hayan regalado aprendizajes valiosos, y eso siempre será digno de agradecer. Pero quizá eso iba con tu versión pasada y no con la que eres ahora. Crecer también es elegir qué personas encajan en la etapa que estás construyendo. Y justo eso es poner límites: reconocer que no cualquiera merece un espacio en tu vida, y que elegir también es cuidarte.

Tipos de límites y amor propio

Una cosa muy importante que me gustaría que supieses es que los **límites** parten del **amor propio**. ¿Y qué es el amor propio? Muchas veces cuando lo pregunto en las sesiones los pacientes lo definen como autoestima, incluso para algunos resultan sinónimos, pero en realidad son dos cosas que se relacionan pero que son diferentes.

Cuando hablamos de **autoestima** nos referimos al valor que te das a ti mismo, la imagen que tienes de ti, si te gusta tu manera de ser o no. Mientras que el **amor propio** tiene que ver con cómo cuidas ese valor, si tras identificar tus logros y tus defectos, consideras que eres digno de amor. Es decir, una tiene que ver con la forma en la que te ves y otra con la manera en la que te cuidas a ti mismo. Así, ambas pueden ser independientes.

Hay personas con alta autoestima que se exigen tanto que se abandonan emocionalmente. Y hay otras con amor propio que, a pesar de sus inseguridades, no se dejan de lado. El problema en esto está en que, si no sabes cuánto vales, ¿cómo vas a cuidarte? **Por eso es tan imprescindible trabajar ambas al mismo tiempo, ya que una no re-**

emplaza a la otra. Se trata de saber que somos valiosos y, además, tratarnos como si lo fuéramos. Para que entiendas mejor lo que te quiero explicar aquí tienes un ejemplo inventado:

María estaba pasando una mala etapa. Había dejado de sentirse bien consigo misma y le costaba poner límites. Le daba miedo decir que no a ciertos planes con sus amigas por temor a quedar mal, así que siempre terminaba cediendo. Desde que comenzó terapia, su psicóloga la está ayudando a reconocer su valor y a cuidar su bienestar. Aunque aún no se siente del todo bien ni se ve como quisiera, ha empezado a poner límites, a escucharse y a elegir lo que realmente necesita.

Como vemos, María aún no tiene una buena autoestima y necesita seguir trabajándola. Sin embargo, ha empezado a cuidarse, y eso la está ayudando a darse cuenta de que sí es capaz. Y justo ese pequeño cambio que es empezar a actuar desde el cuidado contribuye poco a poco a fortalecer su autoestima.

Te pueden faltar muchos tipos de amor, pero que nunca te falte el propio.

Como he explicado antes, el amor propio trata de cuidar de ti. Es decir, de lo que permites o no según tus necesidades, y las herramientas que te ayudan a ello son los límites.

El amor propio también es alejarte de una persona que por mucho que quieras te quita la paz o te daña la autoestima. Amor propio es negarte cuando algo te incomoda o no te aporta. Amor propio es pedir ayuda cuando sabes que no puedes con todo a la vez. Amor propio trata de cerrar vínculos que ya no son recíprocos. Es decir, de cuidarte, respetarte y priorizarte. Por eso te comentaba al principio del capítulo que los límites te los pones a ti.

Cuando decían que el amor lo cura todo, se referían al propio.

Hay tres tipos de límites en las relaciones interpersonales:

- **Límites difusos o ausentes.** Son aquellos límites personales que no están definidos con claridad o que no existen. Se observan en personas que dejan que otros tomen decisiones por ellas, complacen siempre a los demás, les cuesta dar su opinión, aceptan situaciones que les hacen daño para evitar conflictos e ignoran sus propias necesidades priorizando a los demás. Todo esto provoca síntomas de agotamiento emocional, culpa, malestar, miedos, baja autoestima y sentimiento de inferioridad.

Se dice que son límites borrosos o difusos porque, aunque la persona puede llegar a ponerlos en algún momento, si la presionan un poco, no tarda en ceder.

Estos límites también aparecen cuando alguien no es capaz de diferenciar entre carga emocional y responsabilidad, por lo cual asume el peso del bienestar emocional de los demás como si fuera propio. Es decir, sostener a los demás también genera un desgaste emocional en ti. Cuando no hay límites, también desaparece la capacidad de distinguir hasta dónde es sano implicarse.

- **Límites claros o saludables.** Estos límites son saludables porque pertenecen a personas capaces de establecerlos según sus necesidades y las de los demás. Es decir, hay un equilibrio. Es una persona que se conoce lo suficiente para saber qué quiere, cuáles son sus preferencias y es capaz de expresárselas a otros. Son individuos que valoran su autocuidado, que atienden sus necesidades, se comunican con asertividad, entienden que su opinión también es válida, respetan tanto su espacio como el de los demás y no se someten ante chantajes.

Pero ¿por qué es tan importante establecer límites saludables? Porque mejora la autoestima y el amor propio, fomenta las relaciones equilibradas, evita las sobrecargas emocionales, mejora la confianza en uno mismo y la responsabilidad afectiva.

La relación más importante empieza contigo, porque tu manera de tratarte marca la forma en que permites que otros te traten.

- **Límites rígidos o inflexibles.** Son personas que, debido a malas experiencias sociales o emocionales, se protegen demasiado, lo que impide que los demás entren en su mundo emocional incluso cuando resulta necesario. Es como si hubieran establecido un pequeño círculo de confort y solo permiten la entrada hasta ese límite. Es algo parecido a un mecanismo de defensa para no volver a pasar por lo que ya ocurrió, aunque las circunstancias sean diferentes y las personas distintas.

Son individuos con grandes barreras emocionales, por lo que a veces pueden parecer fríos, les cuesta moverse en círculos sociales, expresar ciertas emociones, pedir ayuda o presentan poca tolerancia a opiniones adversas a las suyas. Esto puede dar lugar a que tengan relaciones más superficiales, por la dificultad de crear vínculos profundos o la sensación de soledad e incomprensión que los embarga.

El coste de no poner límites: cómo el resentimiento y el agotamiento emocional afectan a nuestra salud

No poner límites siempre tiene un precio, porque significa que no te estás escuchando ni conectando con tus necesidades, deseos o preferencias. A la larga, esto puede generar situaciones como no saber qué decisión tomar, porque al ceder de manera habitual ante los demás, cuando te preguntan qué quieres muchas veces la respuesta será un «a mí me da igual». Esto ocurre debido a la desconexión emocional, que llega a un punto en el que parece que todo te da igual, aunque antes no fuera así. Por eso, cuando dejamos de conectar con nuestras emociones y nos sentimos perdidos o no entendemos cómo nos comportamos, es importante pedir ayuda a un profesional que nos guíe en este proceso.

Además, en ocasiones suele ocurrir que, cuando una persona cede siempre con otra por miedo al rechazo, a qué pensará de ella o a quedarse sola, acumula emociones desagradables por ir en su contra. De este modo, su vasito emocional se va llenando, hasta que un día se rompe y le echa en cara todo lo que llevaba guardando a esa persona. ¿Cuál es el problema? Que malentendidos o pequeños conflictos se convierten en ese momento en grandes problemas, o que en vez de echarle todo en cara de un día para otro, al haber «petado» por tener límites ausentes, pasa a tener límites rígidos que generan confusión en la otra persona. **¿Cuál sería el verdadero problema aquí? La comunicación.** Si decimos las cosas que pensamos en el momento adecuado, todo puede ser diferente y así no se habría generado en esa persona agotamiento emocional o resentimiento hacia el otro.

Otra consecuencia que puede traer el no poner límites o que estos sean difusos es la dependencia hacia los demás, es decir, la necesidad constante de validación externa. Por eso, este tipo de personas pueden aceptar siempre los planes que proponen los demás o reuniones que no le parecen bien para sentirse incluido o aceptado en un grupo, lo que refleja de nuevo el miedo al rechazo. Esto crea que las relaciones sean desequilibradas y se espera que la otra persona siempre ceda, por lo que muchas cosas se dan por hecho o ni se preguntan. Si la persona que solía aceptar las propuestas de los demás comienza a decir que no, es muy probable que el resto se enfade, ya que no es a lo que estaban acostumbrados o esperaban. **De ahí que sea habitual advertir de que cuando comiences a poner límites, prepárate para muchas despedidas. Y recuerda, si eso ocurre, solo estabas haciendo limpieza.**

Quien realmente quiere estar no es quien se queda a cualquier precio, sino quien sabe acompañarte en tus cambios, sin exigirte volver atrás ni hacerte sentir culpable por crecer.

¿QUÉ HAY DETRÁS DE LA INCAPACIDAD DE PONER LÍMITES?

El principal factor por el que nos cuesta negarnos es el miedo. Y sí, miedos tenemos todos, aunque a veces nos cueste reconocerlo. Para mí detrás del miedo a poner límites existe uno principal: el que los demás nos rechacen...

Miedo al rechazo

Este miedo podría decirse que es el más habitual en este tipo de situaciones, ya que se basa en el temor a no sentirnos aceptados, queridos o valorados. Es decir, surge cuando una persona cree que su relación con otras puede romperse o no ser aceptada. Si alguien percibe que pierde el vínculo con una persona que considera significativa se pueden activar las mismas áreas cerebrales que cuando se produce una herida física. Esto se debe a que el ser humano es un ser social, es decir, necesita por naturaleza vincularse con los demás para poder sobrevivir.

Podemos tener miedo a decir que no a un plan en grupo porque pensamos que si lo hacemos no nos volverán a invitar. O a expresar una opinión distinta en un proyecto por si eso genera rechazo o incluso pone en riesgo nuestro lugar en el trabajo. En definitiva, este tipo de miedo aparece tanto en el ámbito personal como en el profesional, y tiene una raíz muy profunda: el miedo a ser excluidos o aislados.

Es tan poderoso porque toca dos de nuestras necesidades emocionales más básicas: **la pertenencia y la aceptación.**

Dentro de este miedo pueden aparecer tres subcategorías: el miedo a la crítica, a sentirse culpable y a la soledad.

Miedo a la crítica

Aunque este miedo puede estar ligado al miedo al rechazo, se centra más en el pensamiento «¿Qué dirán de mí si no hago esto o si no lo tolero?». En realidad las raíces de este nacen del miedo a que te etiqueten. Cuando hablamos de etiquetación, nos referimos a que te definan por priorizarte o marcar ese límite como egoísta, borde o incluso «mala persona». El problema de estas etiquetas es que lo que te dicen o repiten los demás puede crear nuevas creencias externas que te paralicen a la hora de decir «no» a tu malestar. Y si algo de esto te suena, vuelve la vista atrás: ¿qué te han dicho cada vez que has intentado protegerte?

Temer la crítica es vivir pendiente de ojos ajenos y olvidar los propios.

Además, es muy importante destacar que este miedo está ligado a la autoestima. Ocurre cuando de pequeño aprendiste que tenías que complacer, caer bien a todo el mundo o cumplir las expectativas de lo que los demás esperan de ti, o cuando durante tu infancia solo recibías halagos cuando hacías lo que se esperaba. Esto provoca que de adulto llevar la contraria lo interpretes como un fracaso.

No nos hiere lo que dicen de nosotros, sino lo que creemos que puede ser verdad.

Miedo a sentirnos culpables

Cuando en la infancia desarrollas el miedo a sentirte culpable por hacer algo «mal» o decepcionar a quienes te importan, resulta habitual que aprendas a complacer, priorizando las necesidades de los demás. Esto ocurre porque, en muchos hogares, el afecto, la atención o la aprobación externa se conseguían cumpliendo ciertas normas o expectativas de los cuidadores principales, y si los niños se rebelaban o no alcanzaban las expectativas de los adultos, se generaba en el menor el sentimiento de culpa o un castigo emocional.

Cada vez que te atrape la culpa, pregúntate si realmente es tuya o alguien la dejó sobre tus hombros.

En la edad adulta, esto repercute en la forma en la que te cuidas a ti mismo, ya que el aprender a complacer a los demás puede originar la creencia de que tus necesidades no son tan importantes como las de los demás. De manera que, si te priorizas, eres un egoísta.

Es muy importante saber diferenciar la culpa impuesta de la legítima. La segunda hace referencia a cuando hacemos algo que no está acorde con nuestros valores, por lo que sentimos que hemos hecho algo mal. Por ejemplo: te cuelas por delante de una persona mayor en la fila del metro, y la primera, la **culpa impuesta,** surge cuando no cumplimos con las expectativas o las exigencias de los demás. En este caso, un ejemplo sería cuando alguien te hace sentirte mal por no responder como esperabas a una situación.

La culpa **legítima** nace de ti y busca reparar, mientras que la impuesta nace del otro y busca controlar. La primera sale de la conciencia y la segunda, del miedo. Por ello, no toda la culpa indica que estás haciendo algo mal, sino que muchas veces te avisa cuando dejas de complacer. Además, a mí me gusta más la palabra **«responsabilidad»** que «culpa». Esta hace que te quedes encerrado en el error, mientras que la palabra «responsabilidad» te permite avanzar.

Por otra parte, ¿alguna vez has dicho que no y luego te has arrepentido? Esto ocurre mucho ahora en situaciones sociales. ¿Te suena el **FOMO**? Es un acrónimo en inglés que significa *Fear of Missing Out*, muy conocido ahora en redes sociales o entre los jóvenes, y que hace referencia al miedo a quedarse fuera o el miedo a perderse algo. Por eso, muchas personas, aunque estén cansadas y cuyo cuerpo necesite descansar o no les apetezca, no son capaces de decir «no» a ese plan que les han propuesto.

Te explico con más detalle una situación para que lo entiendas mejor.

El otro día, un paciente vino a la consulta y me dijo: «No sabes lo cansado que estoy». Entonces le pregunté: «¿Qué has hecho este fin de semana?». Me contó que el sábado tuvo un cumpleaños todo el día y, al día siguiente, sus amigos lo invitaron a hacer una ruta de senderismo. Claro, ¿cómo les iba a decir que no? Si se quedaba en casa, a pesar del cansancio, al ver sus historias en Instagram le daría FOMO, y además no se sentiría integrado en las conversaciones la próxima vez que se vieran.

Es decir, en este paciente se puede observar el miedo a arrepentirse después de haberse perdido algo o sentirse excluido del grupo. Este temor puede generar ansiedad y un sentimiento de obligación que muchas veces no corresponde con lo que necesitamos en ese momento. Este ejemplo que te he puesto también puede reflejar el miedo a sentirse culpable por no tomar la decisión correcta, aunque eso vaya en contra de sus necesidades emocionales, y refleja cómo muchas veces, para no arrepentirnos después, priorizamos la situación antes que nuestro malestar.

Miedo a la soledad

Si profundizamos un poco más en qué hay en el fondo del miedo a sentirnos rechazados es el sentirnos solos.

¿Qué significa para ti la soledad? ¿A qué recuerdo la tienes asociada? La **soledad** no es solo una distancia física, también puede ser emocional. Para algunos puede representarse a través del silencio, para otros mediante abandonos, para algunos es no sentirse comprendido, visto, escuchado o simplemente parte de algo.

Y es que en ocasiones la soledad cuando no se elige puede verse como una herida que se abre cada vez que el mundo se aleja un poco. Lo que te quiero explicar con esta frase es que cuando tú no has decidido estar solo, sino que es algo que pasa, lo vivimos como una experiencia dolorosa, como un vacío que no sabemos cómo llenar y que cada vez que la vivimos es un disparador emocional de situaciones antiguas.

Por eso, si esto te ocurre, me gustaría preguntarte: ¿qué parte de ti se siente herida cuando los demás se alejan? ¿Qué emociones desagradables se activan dentro de ti? ¿A qué situaciones te recuerda? Tal vez te vengan a la mente un episodio de *bullying*, la falta de disponibilidad emocional de tus padres, rupturas..., es decir, esas huellas emocionales que aún necesitan ser atendidas. Ahora lo que te toca es nombrarlo, reconocerlo y abrazarlo.

Sé que cuesta poner en palabras todas estas imágenes y emociones desagradables que te produce la soledad y que llevas tanto tiempo evitando. Las evitas porque si lo hablas o lo dices en voz alta, se convertirán en realidad. Y eso es parte del proceso de aceptación que aún no queremos asumir.

Muchas veces guardamos, ocultamos o intentamos borrar experiencias porque no queremos aceptar que pasaron, que nos ocurrieron a nosotros y que no supimos cómo gestionarlas.

A veces la herida no duele por lo que pasó, sino por lo que aún no nos hemos permitido sanar.

Quiero que comprendas algo: expresar lo que te pasó en voz alta no lo empeorará. En cambio, completarás el puzle de tu historia, llenando el hueco vacío de esta con la pieza que faltaba. Desde ese momento, podrás comenzar a integrar esos recuerdos, a trabajarlos para poder mirarlos con compasión e ir soltando ese peso que llevas dentro desde hace años.

Hay heridas que no se cierran con tiempo, sino con presencia.

Miedo al conflicto

¿Cuántas veces has cedido porque preferías no discutir? ¿Y no has dado tu opinión por miedo a generar tensión?

El temor a provocar un conflicto es uno de los más habituales, ya sea por no saber cómo gestionarlo, por miedo al rechazo o por sentir que no tenemos el control de la situación. En realidad lo que nos da pánico es no saber cómo reaccionará la otra persona ni qué consecuencias o emociones negativas pueden surgir tras una discusión. En definitiva, el miedo a sentirnos rechazados, incomprendidos, vulnerables o culpables.

Es decir, si de pequeño nadie te enseñó a afrontar un desacuerdo con alguien, para ti será una situación que te genere estrés o incomodidad, por lo que preferirás ceder antes que pasar un mal rato. Tal vez aprendiste que levantar la voz era peligroso, mostrar opiniones diferentes podía llevarte a la pérdida de cariño o al aislamiento, o que defender la verdad podía conllevar grandes consecuencias negativas.

Las personas que tienen miedo al conflicto se caracterizan por adaptarse a los demás continuamente, evitar conversaciones incómodas, pedir disculpas en exceso, permitir comportamientos que les generan malestar y sentir ansiedad o incomodidad si perciben que la otra persona puede estar enfadada.

Aunque el ceder se acabe convirtiendo en costumbre, puede llegar un punto en el que explotes por todo lo que no decidiste comunicar a tiempo. Y el problema es que, a veces, podrías haber solucionado las cosas hablando, en lugar de echar todo un día por la borda. Puede suceder que al acumular se genere un resentimiento que un día no eres capaz de sostener y explotes a través del enfado, una manera de transmitir ese «yo no merezco que me trates así».

Por eso es imprescindible poner límites a tiempo. Comunicar todo lo que nos molesta o necesitamos es un acto de respeto tanto para ti como para los demás, ya que las otras personas tampoco son adivinas. Es decir, cierta responsabilidad también es nuestra, ya que muchas veces la otra persona no puede saber lo que nos molesta o no nos gusta si nosotros no lo verbalizamos.

Para que lo comprendas mejor, lee el siguiente ejemplo:

Juan acaba muy cansado de trabajar, ya que echa muchas horas al día y, cuando llega a casa, le apetece descansar. Pero siempre se encuentra la ropa de Marina tirada por el suelo, lo que le molesta. Sin embargo, por miedo a que, si le dice algo a Marina, ella se enfade, prefiere callárselo; es decir, elige aguantar su malestar antes que afrontar un conflicto.

Tras varios meses, Juan tiene un gran problema en el trabajo y, después de un día especialmente estresante, cuando llega a casa se encuentra un montón de ropa en el suelo del baño. Entonces, al ver a Marina, explota y le dice todo lo que había acumulado desde hacía mucho tiempo.

Por tanto, si Juan, desde el primer día de convivencia, se lo hubiera comunicado a Marina, podrían haber encontrado una solución sin que la relación se deteriorara tanto.

Límites no negociables: cuidarme es una elección

Los **límites no negociables** son aspectos de nuestra vida que no queremos comprometer ni tolerar que otras personas traspasen para proteger nuestra salud mental y emocional. **Son reglas propias** que no estamos dispuestos a quebrar, con independencia de la circunstancia. Son pactos contigo mismo que los demás tienen que respetar, y tú no tienes por qué justificarlos. Si hablo de uno de mis límites no negociables en cualquier tipo de vínculo, es que no se me falte al respeto ni se me insulte durante una discusión; ahí no hay excusa que valga.

Para mí los límites no negociables son lo que ahora se conoce por redes sociales como ***red flags***. Es decir, una *red flag* o bandera roja es una señal de alerta ante comportamientos dañinos o situaciones desagradables producidas por una persona. Para que lo entiendas, en una relación de pareja, sería por ejemplo que la otra persona te revise el teléfono móvil sin permiso.

Para poder saber qué quieres y qué no, tienes que tener claras tus prioridades. Por este motivo es imprescindible identificar qué queremos permitir o no en cualquier ámbito de nuestra vida.

A continuación, te dejaré una serie de *red flags* o límites no negociables en diferentes escenarios.

Límites no negociables en la pareja:

- Cuando intenta prohibirte relaciones, decisiones o acciones para controlarte.
- Cuando te invalida emocionalmente sin cesar como si tus sentimientos no importaran.
- Muestra celos constantes ante tus vínculos con otras personas.
- Ocultamientos o mentiras para evitar conflictos.
- Violencia verbal o física en las discusiones.
- Sentir que tienes que sobreexplicar o justificar tus decisiones para que no se enfade.

Límites no negociables en el trabajo:

- Sentir que tus opiniones o ideas no se escuchan.
- *Mobbing* o acoso laboral como humillaciones, ame-

nazas, aislamiento o críticas de tus compañeros o superiores.

- Un ambiente de trabajo donde resalta la competitividad tóxica, intentando estar siempre unos por encima de otros.
- Tu esfuerzo no sientes que sea valorado ni recompensado.
- Se espera que siempre estés disponible sin respetar tu horario de descanso.
- Revisan cada acción que tomas, tu trabajo y te controlan en todo momento.

Límites no negociables en la amistad:

- Cuando te pasa algo bueno y se enfadan en vez de alegrarse.
- Comparten contigo cualquier detalle de su vida, pero muestran poco o ningún interés por la tuya.
- No puedes hablar de ciertos temas porque cada vez que lo intentas lo minimizan, lo invalidan o lo ridiculizan.
- Se molestan o se enfadan porque te llevas bien con otras amistades.

- Solo te avisan para ciertos planes cuando les interesa.
- Cuando compartes algo importante para ti y responden con su propia experiencia, desviando la atención de tus sentimientos.

Límites no negociables en la familia:

- Juzgan o dudan continuamente de todas tus decisiones.
- Critican tu vestimenta o tu manera de ver la vida.
- Sientes que tus emociones u opiniones no son escuchadas ni valoradas, sino invalidadas.
- Te hacen sentir culpable en situaciones que no te corresponden o porque no haces lo que quieren.
- Invaden tu privacidad, como revisar el teléfono móvil o tus pertenencias.
- Sientes que te tratan de manera diferente a otros miembros de la familia.

Seguro que después de leer estos límites se te habrán venido a la mente algunas personas o algunos recuerdos. Y ahora te pregunto yo: ¿cuáles son tus límites no negociables contigo mismo? ¿Tienen que ver con todos los anteriores? Si las *red flags* te han recordado a ciertas personas y siguen en tu presente, es hora de que te replantees tus vínculos o tu ámbito laboral. ¿Es lo que estás dispuesto a permitir? Sé que resulta complicado, pero más difícil es lidiar con todas esas circunstancias en tu día a día. ¿Qué crees que te sigue atando? ¿Te aporta más de lo que te desgasta? Nunca es tarde para hacer las cosas bien, para darte lo que te mereces, para saber hasta dónde pueden llegar y sobre todo lo que necesitas.

Si no aprendo a poner límites, cualquier vínculo me consume, y termino olvidando quién soy.

Muchas veces nos cuesta identificar cuáles serían nuestros límites innegociables, y esto se debe a que nunca nos lo hemos planteado. Por eso, me gustaría que pensaras en tus límites no negociables según tu vida o tus circunstancias personales. ¿Cuáles son los límites que no quieres que nadie traspase?

Para esto, te propongo que hagas un ejercicio muy sencillo:

1. Elabora tus listas de *red flags*.
2. Revisa tus heridas o tus recuerdos negativos.
3. Observa la realidad.

Área de mi vida	**Preguntas clave**	**Mi límite no negociable**
Trabajo	¿Qué comportamientos de compañeros o jefes no quiero permitir? ¿Qué necesito para sentirme seguro y valorado?	
Familia	¿Qué comportamientos de familiares no quiero tolerar? ¿Qué necesito para sentirme seguro, respetado y visto?	
Amistades	¿Qué actitudes de mis amigos me incomodan o me dañan? ¿Qué necesito para mantener relaciones sanas? ¿Qué me ha lastimado de sus actitudes que no quiero que vuelva a ocurrir?	
Pareja	¿Qué no puedo aceptar en mi relación? ¿Qué necesito para sentirme amado, escuchado y respetado?	
Otras áreas personales	¿Hay otras áreas de mi vida que requieren límites claros?	

¿Cuántos de los límites que has puesto arriba se han visto traspasados en algún momento? ¿Cuántos te han generado malestar o incomodidad al escribirlos? ¿Qué necesitas sanar aún? Este apartado requiere revisar qué conductas permitimos por miedo al rechazo, por culpa o por sentir que no seremos capaces de poner ese límite.

En cuanto a la creencia de que no somos capaces de poner límites, puede ocurrir lo que llamamos **la profecía autocumplida**. Según Robert K. Merton, una profecía autocumplida es «una predicción que, por el simple hecho de ser formulada, provoca que se cumpla». Es decir, nuestras expectativas o creencias sobre los demás y sobre nosotros mismos influyen directamente en nuestro comportamiento, es como si lo atrajésemos de manera inconsciente hacia la realidad.

Por ejemplo, si dices «Voy a suspender el examen» y solo te enfocas en esa idea, es más probable que te autosabotees y termines suspendiendo. O si piensas «Esa persona me va a dejar», puedes empezar a interpretar cada señal como prueba de que eso ocurrirá, y a veces, sin darte cuenta, creas la situación tú mismo. Pero esto no significa que no seas capaz de poner límites; simplemente es una creencia o un pensamiento, recuerda que no se trata de un hecho.

Observa la realidad

En este último apartado me gustaría que reflexionaras sobre estas preguntas:

- ¿Mis relaciones actuales están traspasando alguna de esas *red flags* que has escrito?
- ¿Qué personas me hacen sentir agotado?
- ¿Hay situaciones que me están haciendo sentir incómodo, pero no las estoy comunicando o no sé cómo hacerlo?
- ¿Estoy viviendo la vida que quiero o deciden otros por mí?
- ¿Qué miedos hay detrás que no me dejan negarme?
- ¿A qué necesito decir no para protegerme?
- ¿Dónde puedo comenzar a poner límites?

Nunca subestimes
los pequeños cambios;
ellos hacen su efecto con el tiempo.

9

Necesidades básicas. El primer paso para cuidarnos

¿ESTÁS CONECTADO CON TUS EMOCIONES?

Las emociones forman parte de nuestro día a día y afectan la manera en que pensamos, actuamos y nos relacionamos con los demás. Sé que muchas veces no son agradables, pero, como siempre digo, si no existieran, seríamos robots. Gracias a ellas podemos tomar decisiones, regular nuestro comportamiento y cuidar nuestro bienestar emocional.

Sin embargo, no todas las emociones son fáciles de gestionar, es decir, de identificarlas, comprenderlas, regularlas y aceptarlas de manera consciente. No se trata de evadirlas ni eliminarlas, sino de manejarlas de la forma más saludable posible.

Como he comentado antes, en la sociedad actual a menudo vamos en automático: corremos sin parar, siempre pendientes de lo que tenemos que hacer, pero sin atender a lo que esas acciones nos hacen sentir. Y llega un momento en que colapsamos, como si fuéramos una bombilla que se está quedando sin luz. Entonces tenemos que detenernos, descubrir qué necesitamos para recargar nuestra energía y volver a brillar. Y tú, ¿vas en automático o eres capaz de conectar contigo mismo?

Para que lo entiendas de forma más sencilla, te lo explicaré a través de una metáfora que utilizo en sesión de terapia de aceptación y compromiso (ACT), aunque le añadiré mi toque personal. Es la **metáfora del mensajero**, que seguramente muchos ya habréis escuchado antes.

Quiero que pienses en una emoción, la que para ti sea más desagradable sentir. En mi caso, voy a elegir la tristeza. Ahora imagina que ha pasado una situación desagradable que te ha hecho sentir triste, pero tú, en ese momento, no estás preparado o no quieres vivir esa emoción, entonces te distraes o la evitas.

Pero de repente llaman a un mensajero y le dicen: «Vas a llevar este paquete y es de vida o muerte, así que se lo tendrás que entregar sí o sí». Y en ese paquete va la emoción de la tristeza.

Tú, que estás en tu casa tranquilo y sabes que ese paquete va a llegar porque algo ha pasado, ignoras el timbre cuando llaman al portero automático. Entonces el mensajero atraviesa tu portal, avanza hasta la puerta de tu casa y vuelve a llamar. Tú haces como si no estuvieras en casa. Total: «Ahora mismo tengo comida, agua y electricidad, puedo permanecer aquí un par de días», dices.

El mensajero, que no tiene prisa porque le han dicho que es una misión que sí o sí tiene que cumplir, acampa en tu puerta. Cuando pasa un tiempo, ese mensajero se cansa y entonces dice: «Guau, pues voy a cortar la electricidad». Y tú piensas: «No pasa nada, me queda comida en la despensa y agua, todavía puedo aguantar un poco más». Al cabo de un día o dos, el mensajero corta el agua. Cada vez está más desesperado... y tú también. Luego se te acaba la comida y entonces no te queda más remedio que salir.

¿Qué ocurre cuando lo haces? Que cuando sales por la puerta, el mensajero te entrega el paquete. ¿Y cómo recibes la tristeza? Con mayor intensidad que antes, porque la recibes junto con haber estado sin luz, sin agua y con muy poca comida. Por lo que, cuanto más tardemos en enfrentarnos a una emoción, más complicado nos resultará gestionarla después. Evitarla no hace que desaparezca, sino que sea más intensa. **Y esto es lo que se llama la ley de la logística emocional.**

Cuando aparece una emoción es para decirnos algo, ya sea positivo o negativo. Es decir, cada emoción, como te expliqué en capítulos anteriores, tiene una función, pero, además, las emociones desagradables quieren decirnos que hay necesidades emocionales que no están cubiertas.

Ocultas tanto tus emociones para que nadie las vea que al final no las ves ni tú.

Necesidades emocionales

Como he explicado anteriormente, las emociones desagradables o incómodas aparecen cuando no se cubre una necesidad emocional. Es una señal de alerta que nos indica que tenemos que parar y ver qué esta ocurriendo. A continuación, te explicaré cuáles son las necesidades emocionales básicas del ser humano:

- **Sentirnos aceptados:** cuando hablamos de aceptación es algo tanto interno como externo; es decir, es sentirte aceptado por ti mismo (autoestima) y también por los demás, sin sentir que tenemos que cambiar o adaptarnos para encajar en el entorno. Muchas veces, lo que ocurre es que las personas buscan que los demás las acepten porque, realmente, son ellas mismas las que no lo hacen. A veces solo muestran su versión ideal para poder encajar y, aunque consigan esa validación externa, sienten un gran malestar. Esto se debe a que, para estar en equilibrio, primero siempre hay que aceptarse a uno mismo, ya que quien quiera estar lo hará en cualquiera de tus versiones.

Ojalá te vieras a través de los ojos de aquellos que te quieren.

- **Ser independientes o autónomos:** se trata de sentir que podemos dirigir nuestra vida, controlar nuestras acciones y elecciones; es decir, que no necesitamos a los demás para sobrevivir. Podemos tomar nuestras propias decisiones y sentirnos responsables de ellas. Es una manera de ser libres. Muchas personas no son capaces de hacerlo y terminan dependiendo de los demás; prefieren adaptarse al otro o actuar según criterios externos por miedo al rechazo o al abandono. Otras, en cambio, debido a la sobreprotección de sus padres, que siempre tomaban decisiones por ellas o les repetían que tuvieran cuidado, acaban buscando la validación externa por temor a equivocarse. Esta necesidad no satisfecha puede generar culpa, ansiedad o desconexión emocional.

La autonomía no es estar solo, sino ser dueño de tus decisiones y responsable de tu vida.

- **Sentirnos seguros:** esta necesidad, al igual que la de aceptación, es tanto externa como interna, siendo la base de las demás necesidades. Si no sentimos una mínima seguridad en el entorno y en nosotros mismos, nuestro cuerpo estará en alerta y le costará satisfacer plenamente el resto de las necesidades. Necesitamos sentirnos apoyados, sostenidos y con la libertad de poder mostrarnos vulnerables ante los demás. Además, tenemos que confiar en que somos capaces de tomar decisiones y que tenemos capacidad de afrontamiento ante los conflictos. Es muy importante, dentro de la seguridad interior, el papel del diálogo interno, ya que la manera en la que nos hablamos a nosotros mismos influye en cómo nos enfrentamos a las diversas situaciones que se nos presentan en el día a día. Cuando tenemos seguridad en nosotros mismos y en el entorno, sentimos equilibrio: podemos abrirnos emocionalmente a otros y contar con buenas estrategias de afrontamiento ante las dificultades. En cambio, si esta necesidad no está cubierta, sentiremos ansiedad, dependencia, hipervigilancia, necesidad de control o desconfianza.

Cuando el vínculo es sano, tu vulnerabilidad no te pone en riesgo, sino que te devuelve seguridad.

- **Sentirnos vinculados:** el ser humano es un ser social, es decir, nace con una predisposición a vivir en sociedad. Por ello necesitamos tener relaciones significativas que nos hagan sentir comprendidos, vistos, valorados, escuchados e importantes. Es la necesidad de pertenecer a un grupo, amigos, familia o pareja, sintiendo cercanía, aceptación y comprensión. Somos personas que nos fortalecemos y desarrollamos a través de los lazos que creamos con los demás. Cuando esta necesidad no se satisface puede surgir tristeza, soledad o miedo. Por ejemplo, al romper una relación de pareja, aparece la tristeza porque hemos perdido un lazo significativo y dejamos de sentirnos parte de ese vínculo.

Un vínculo sincero puede ser el refugio más seguro del mundo.

- **Sentirnos en desarrollo:** todo el mundo necesita sentirse en crecimiento, evolucionar y seguir aprendiendo, es decir, avanzar en la vida. Ya sea en cualquier ámbito, emocional, familiar, sentimental, espiritual o profesional, necesitamos sentirnos útiles, eficaces, crecer y aprender. En el ámbito social, esto puede estar relacionado con realizar proyectos grupales en los que, a través de la interacción con los demás, crecemos y aprendemos mediante los retos y la cooperación. Sentirnos en desarrollo afecta positivamente a nuestra autoestima, haciéndonos sentirnos capaces y ayudándonos a crecer, explorar y superar nuestros límites. Cuando esta necesidad no se cubre, aparecen emociones desagradables como la frustración, el enfado o la tristeza. Por otra parte, esta sensación de no avanzar puede generar ansiedad debido a una presión interna, el miedo al fracaso o una comparación constante con otras personas. Además, puede surgir una sensación de desmotivación o vacío ante la monotonía de los días. Pero si tienes esa sensación, no te quedes parado, cada persona tiene algo que aportar al mundo. Que ahora no lo veas no significa que no lo tengas; como te decía, el oxígeno es invisible y, sin embargo, sabemos que está ahí.

Aunque no lo veas, creces cada vez que eliges no rendirte.

Tener las necesidades emocionales satisfechas es importante para encontrar bienestar emocional, equilibrio y paz interior, pero también es cierto que todas no van a poder estar cubiertas todo el tiempo y eso también está bien. Si así fuera, no aprenderíamos la resiliencia, esa capacidad de recuperarse, aprender y salir de situaciones complicadas que nos presenta la vida. No podríamos ver qué necesitamos mejorar o cambiar.

Recuerda que la vida son etapas: muchas veces recibiremos, otras esperaremos y algunas simplemente nos tocará sostenernos con mucha paciencia. Lo importante aquí es que aprendas a escuchar qué necesitas y qué sientes en ese momento. No hay que llenar todos los vacíos al mismo tiempo, sino aprender a estar contigo mismo, aunque a veces no sepas cómo gestionarlo. Recuerda que todas las necesidades están relacionadas entre sí.

La necesidad de vinculación se halla vinculada con la necesidad de sentirnos en desarrollo, ya que gracias a los demás aprendemos cosas nuevas del mundo o incluso de nosotros mismos. La necesidad de aceptación está relacionada con la de seguridad, por ello, si nos aceptamos a nosotros mismos estamos seguros de las decisiones que tomamos, o también se relaciona con la necesidad de pertenencia, ya que, si los demás nos aceptan, nos sentimos pertenecientes a un grupo. Y la necesidad de ser independiente se relaciona con la de desarrollo, si sentimos que estamos desarrollándonos profesionalmente, podremos avanzar en proyectos personales como comprarnos una casa.

La necesidad de tenerlo todo bajo control

El ser humano necesita tenerlo todo controlado porque esto le da una sensación de seguridad ante los peligros. Nuestro cerebro está programado para protegernos. Esto satisface la necesidad de sentirnos seguros, reduciendo la incertidumbre de lo que podría pasar. Sin embargo, cuando no sabemos qué puede ocurrir, aparecen el miedo o la ansiedad, ya que, al no controlar la situación, nuestro cerebro manda una señal de alerta en la que nos dice: «Cuidado, algo malo puede pasar».

Y justo entonces surgen nuestros queridos amigos los pensamientos intrusivos: «¿Y si...?». Y apuesto lo que sea a que la mayoría de las situaciones que te planteas en tu cabeza no son positivas. Esto se debe a que, a través del control, te sientes protegido, porque si sucede aquello que habías imaginado, más o menos sabrás gestionarlo o no te pillará por sorpresa. Es decir, si le das vueltas a las diferentes opciones que pueden ocurrir, lo que se llama rumiar, piensas que puedes hacer algo para protegerte y que te estás ocupando del problema, aunque en realidad no estás haciendo nada, es un círculo de pensamiento sin acción, porque todavía no ha ocurrido, pero te da esa falsa sensación de control.

Por otra parte, no tener bajo control la situación nos hace sentir que somos vulnerables. Si no siento seguridad fuera, la saco de dentro para protegerme, controlando todo lo que pueda para no sentirme mal. Y ahora te hago yo la pregunta: ¿para ti qué es sentirte vulnerable ante un problema? ¿O no encontrarle la solución a uno? ¿Un fracaso? Muchas veces, las personas tienen la creencia de que deben ser fuertes. Cuando sienten vulnerabilidad no lo aceptan, y de ahí surge el sentimiento de culpa o tristeza por la necesidad de aceptación no cubierta, ya que no asimilan esa parte de sí mismos, viendo la vulnerabilidad como una debilidad.

Cuando hemos tenido problemas de vinculación es natural sentir miedo al abandono o al rechazo y, por ello, al tener malas experiencias surge nuestra necesidad de control de nuestras relaciones, como un mecanismo de defensa para que no vuelva a ocurrir porque no queremos sentir de nuevo esas emociones desagradables de tristeza o soledad que nos dolieron. Sin embargo, este mecanismo de protección también se puede volver un autosabotaje. ¿Cómo? A veces vemos peligro donde no lo hay e inconscientemente alejamos a las personas y nos quedamos solos de verdad. Por ejemplo, pueden aparecer celos o inseguridades cuando vemos que un amigo nuestro habla con otra persona. De manera automática, interpretamos esa situación como una amenaza y pensamos que nos va a dejar de lado. Pero quizá esa persona tan solo estaba ofreciendo apoyo o recibiendo ayuda, y nada tenía que ver con abandonarnos.

Las personas que tienen ansiedad se caracterizan por esta necesidad de control, debido a que su sistema de alerta está del todo desregulado. Son personas que reciben sin cesar señales de peligro en su mente, aunque no haya riesgo real de amenaza, y tienen la necesidad de controlar y anticiparse a todo. Es lo que se llama hipervigilancia, un radar de peligro encendido todo el tiempo que fue aprendido como mecanismo de defensa. Esto también puede haberse producido por experiencias traumáticas. Son personas que se caracterizan por sentir dificultades para desconectar, pensamientos automáticos catastróficos, atención al mínimo detalle que indique peligro y cansancio físico y mental, debido a vigilar sin descanso lo que pueda ocurrir. Es como una selva y nuestra cabeza está en tensión continua para estar preparados por si viene un león.

El problema de todo esto es que nunca vamos a poder controlarlo todo, porque siempre habrá algo que se nos escape de las manos. Somos responsables de nuestras acciones, pero no sabemos cómo puede reaccionar el otro.

Enfocarnos en lo que sí depende de nosotros y aceptar esta realidad es lo que nos ayudará a reducir la ansiedad. Además, es importante que si notamos que estamos en un estado de alerta nos pongamos en manos de un profesional para que nos ayude a regular nuestro sistema nervioso y recuperar nuestro bienestar emocional.

Además, es importante que si notamos que estamos en un estado de alerta nos pongamos en manos de un profesional para que nos ayude a regular nuestro sistema nervioso y recuperar nuestro bienestar emocional.

10

Cómo establecer límites sin sentirnos egoístas

No son los hechos, sino tus palabras internas

A veces, cuando atravesamos situaciones dolorosas como una ruptura, fallamos o las cosas no suceden como queríamos, sentimos mucha tristeza. Y, en realidad, no siempre es por lo que ha ocurrido, sino por lo que tu mente interpreta sobre ti a partir de esa experiencia.

«No nos afectan las cosas, sino la opinión que tenemos sobre ellas», decía Epicteto. Por ejemplo, imagina que alguien te deja porque no está preparado para tener una relación. Seguramente tu mente lo interprete como «He sido yo quien lo agobió» o «Siempre hago lo mismo». Nuestra mente suele darle vueltas a lo que pasa y crear historias sobre ello al intentar entender lo ocurrido. Mezcla recuerdos, emociones y creencias que nos limitan.

Esto también sucede porque, si pensamos que nosotros somos el problema o la causa de lo ocurrido, sentimos que podemos cambiar y que las cosas mejorarán; es decir, sentimos que tenemos el control. Pero, en realidad, la mayoría de las veces no está en nuestras manos. Creemos que podemos cambiar nosotros mismos, en lugar de aceptar que algunas cosas simplemente no dependen de nosotros.

Lo mismo pasa cuando intentamos poner límites a alguien. Muchas veces, no es el hecho de decir «no», sino lo que nos diríamos a nosotros mismos si alguien nos rechazara por ello o nos criticara. Por eso, ahora te hago las siguientes preguntas:

- ¿Qué pensamientos pasan por tu mente en el momento de poner límites?
- ¿Qué significa para ti que alguien te rechace?
- ¿Qué creencias tuyas se activan cuando alguien te critica?

- ¿Qué aprendiste en tu infancia sobre decir «no» o defenderte?
- ¿Qué recuerdos te vienen a la mente si hablamos de crítica?
- ¿Sientes que eres malo/a por decir que «no»?

Pero ¿y si cambiamos la manera de ver las cosas? Porque, en realidad, **los límites son defensas hacia tus necesidades**, por lo que están relacionados directamente con nuestro dialogo interno, lo que creemos que somos dignos de merecer o tolerar. Por ello, vamos a cambiar nuestro monólogo interno y, para conseguirlo, responde a estas otras preguntas:

- ¿Qué sentirías si reconocieras tu derecho a cuidar de ti mismo?
- ¿Qué te dirías a ti mismo si fueras tu mejor amigo en esta situación?
- ¿Qué necesidades tuyas estás defendiendo al poner este límite?
- ¿Qué te dirías a ti mismo si estuvieras observando la situación desde fuera?

- ¿Qué aprenderías si aceptaras que no todo está bajo tu control?

Estos pensamientos son historias que nuestra mente se inventa para protegernos, aunque la mayoría de las veces nos limita más que nos ayuda. Reconocerlas y cuestionarlas nos permite actuar con más claridad, seguridad y cuidado hacia nosotros mismos.

La manera en la que te hablas marca el lugar que te das ante los demás. Si lo haces con comprensión para proteger tus necesidades, pondrás límites desde el respeto. Si te hablas desde el miedo, te costará sostenerlos. Porque poner límites va más allá de decir «no», se trata de conocerte, reconocer tus necesidades, hablarte con respeto y saber comunicárselo a los demás.

Poner límites también es:

- No ir a sitios a los que no te apetece ir.
- Dejar de justificarte por todo.
- Salir de lugares que ya no van contigo.
- No asumir la responsabilidad de calmar el enfado del otro.

- Alejarte de quien solo se acerca cuando necesita algo.
- Decidir cuánto compartes y con quién.

No todas las críticas duelen igual: aprende a reconocer las que te ayudan a crecer

Seguro que al leer este título te hayan venido a la cabeza momentos en los que te dolieron las palabras de alguien, tal vez por cómo se dijeron, por la circunstancia en que ocurrieron o por quién estaba presente. Muchas veces no es lo que se dice, sino cómo.

Una **crítica** es la opinión o valoración que alguien hace sobre lo que hacemos, decimos o incluso sobre quienes somos. Puede buscar ayudarnos y aportarnos algo positivo, en cuyo caso hablamos de una **crítica constructiva**, hecha desde la empatía y el cuidado, o puede tener la intención de herir, juzgar o controlar, lo que suele generar culpa o inseguridad. Entonces hablaríamos de **crítica destructiva**.

La forma en que recibimos una crítica depende de nuestra autoestima y del vínculo que tengamos con quien la dice. Pero no solo importa cómo se dice, sino también cómo la interpretamos y si toca alguna herida que llevamos dentro. Para que lo entiendas mejor a continuación pasaré a explicarte la **ley del espejo**.

Esta ley, formulada por Noguchi, estipula que las personas y las circunstancias que nos rodean actúan como un espejo de nuestros pensamientos, creencias y heridas. Es decir, lo externo refleja lo interno y, por tanto, lo que percibimos en los demás y en nuestro entorno nos muestra aspectos de nosotros mismos, tanto positivos como aquellos que necesitamos reconocer o trabajar.

Existen cuatro principios:

1. **Lo que te molesta de otros está dentro de ti:** lo que nos fastidia de los demás actúa como espejo de nuestro mundo interno; esto quiere decir que refleja algo de nosotros, como una herida, una inseguridad o un patrón al que evitamos enfrentarnos.

   Olivia siempre se queja de que María llega tarde cada vez que quedan a tomar un café. Su enfado puede estar más relacionado con ella misma que con María. Quizá valora mucho la puntualidad y que las cosas estén bajo control, y eso no se cumple, o tal vez la tardanza de María despierta en Olivia una sensación de desorganización o impaciencia que todavía no ha reconocido en su propia vida.

2. **Lo que otros critican de ti y te hiere también está dentro de ti:** si algo que alguien dice te duele, quizá en el fondo tú también lo piensas o se relaciona con una inseguridad. Si no fuera así, esas palabras simplemente entrarían por un oído y saldrían por el otro. Cuando seguimos dándole vueltas a una crítica, es porque toca una herida interna o una creencia limitante.

Manuel lo pasa fatal cada vez que sus amigos le presentan a un grupo nuevo de chicas. Siempre terminan diciéndole que es muy tímido y que debería soltarse más. A él eso le duele, porque, en el fondo, ya se lo dice él mismo. Se critica por no ser más abierto y le da miedo que, si se muestra tal como es, los demás no lo acepten. Lo que de verdad ocurre es que los demás le señalan una inseguridad que él ya tiene.

3. **Lo que te gusta de otros también está dentro de ti:** a veces nos resulta más fácil decir lo que admiramos de los demás que reconocerlo en nosotros. Nos pasa con amigos, con familia, con personas a las que queremos. Pero si lo ves en otro es porque también está en ti, aunque quizá aún no te hayas dado cuenta.

   A Ana le encanta la seguridad con la que su compañera Paula se expresa en las reuniones. La admira y piensa que ojalá ella fuera así. Pero esa seguridad también está dentro de Ana; solo que, en su caso, aparece en otros momentos, como cuando habla con sus pacientes o defiende una idea en la que cree.
4. **Lo que al otro le molesta de mí, si no me afecta, está dentro de él:** cuando alguien nos reprocha o nos juzga y no entendemos por qué, y eso no nos duele ni nos remueve, probablemente dice más sobre esa persona que sobre nosotros.

   Juan siempre se molesta cuando su compañera de clase critica cómo organiza sus apuntes, pero a él no le afecta. Eso le muestra que el enfado de ella dice más sobre ella que sobre Juan; quizá tiene problemas con el orden o una necesidad de control.

Lo que percibimos en los demás refleja aspectos de nosotros mismos. Observar qué nos molesta en otros nos da información sobre lo que aún necesitamos trabajar en nosotros. Cuando la crítica sea destructiva, recuerda que tiene más que ver con el otro que contigo, y no dejes que la inseguridad de alguien te salpique.

Si te duele, pregúntate:

- ¿Por qué me duele?
- ¿Qué miedo interno se activa cuando alguien me lo dice?
- ¿Qué necesito trabajar para que no me duela tanto?

Tipos de comunicación

La manera en la que decimos las cosas nos aporta mucha información sobre cómo nos relacionamos y nos comportamos con los demás, pero sobre todo con nosotros mismos, como hemos visto con anterioridad. No solo se trata de las palabras que utilizamos, sino que también son superimportantes nuestros gestos, el tono de la voz y la intención. Todo esto se puede agrupar en tres grupos, que me gustaría explicarte como lo hago en consulta a mis peques. Según su forma de comunicarse existen personas:

Pasivas: las personas pasivas son como una tortuga. Cuando sienten peligro o inseguridad, se esconden dentro de su caparazón para protegerse, igual que ante el conflicto o la desaprobación. Prefieren no dar su opinión, se adaptan a los demás, evitan poner límites y reprimen lo que sienten. Su mayor miedo es al rechazo. A corto plazo parece que así evitan los problemas, pero a largo esto suele generar ansiedad, frustración o sensación de vacío.

Agresivas: representan al dragón. Este ser mitológico cuando se enfada echa fuego por la boca y se lleva por delante todo lo que tiene alrededor. Lo mismo ocurre con las personas agresivas, dicen las cosas sin filtros, sin pensar cómo le puede sentar al otro lo que les dice, suelen estar a la defensiva, no gestionan bien sus emociones y no confían en los demás. No se responsabilizan y culpan al resto de lo que les ocurre.

Asertivas: representan a un niño. Cuando un niño expresa lo que siente, lo hace sin querer herir, con sinceridad y sin miedo a mostrarse tal y como es. Las personas asertivas no buscan imponer ni agradar; simplemente expresan su punto de vista. Defienden sus derechos y opiniones respetando a los demás, validan sus emociones y escuchan el punto de vista del otro. Son personas que confían en sí mismas y cuentan con buenas herramientas para afrontar los conflictos. Esa naturalidad al comunicarse es lo que muchos adultos perdemos con el tiempo y necesitamos reaprender.

Para que puedas identificar qué tipo de comunicación tienes, te propongo responder las siguientes preguntas:

- Cuando no estás de acuerdo con alguien, ¿expresas tu opinión con claridad o tiendes a callarte?
- Si necesitas algo de alguien, ¿lo pides directamente o esperas a que lo adivinen?
- En una discusión, ¿sueles gritar o presionar, quedarte en silencio o expresar tu punto de vista con calma y firmeza?
- Si alguien critica tu trabajo, ¿lo tomas como algo personal y te callas, reaccionas con ira o escuchas y respondes de forma equilibrada?
- Cuando estás molesto, ¿sueles explotar, reprimir lo

que sientes o comunicarlo de manera clara y respetuosa?

- En grupo, ¿hablas sin tener en cuenta a los demás, te mantienes callado o participas?

Cuando las personas pasivas, nuestras tortugas, aguantan demasiado, dejan de ser ellas mismas. No hablan, no expresan sus límites, se adaptan a los demás y van acumulando emociones hasta que, por dentro, empiezan a «encenderse» como un volcán. Con el tiempo, llega un momento en el que ya no pueden más y explotan, convirtiéndose en lo que representaría el dragón: una persona agresiva.

En ese momento sienten dos cosas a la vez; por un lado, enfado y frustración por haber llegado a ese punto sin haberse protegido; y por otro, aparece nuestra amiga la culpa, esa vocecita interna que dice «No debería haberme comportado así».

Este conflicto interno es muy común y nos muestra que, cuando no respetamos nuestros propios límites, acabamos sobrepasando los de los demás de manera rígida o violenta. La persona pasa de poner límites difusos a límites rígidos, sin aprender que también existen los grises, los límites saludables. Aprender a poner límites desde la asertividad evita que la tortuga se convierta en dragón y nos permite expresarnos con claridad, respeto y cuidado hacia nosotros mismos y hacia los demás.

Lo principal que siempre digo es que, si quieres hablar sobre algo que te duele, que te ha hecho daño en el pasado, o si quieres poner un límite, **es muy importante hablar desde el «yo me siento»**. Esta es una de las características principales de las personas asertivas. Por ejemplo: «Yo me siento dolido con esto que has dicho o hecho».

Si en cambio dices algo como «Tú me has hecho daño con tu comportamiento», la otra persona probablemente lo perciba como un ataque y se ponga a la defensiva. Porque puedes estar herido, pero si lo expresas culpando al otro, lo más probable es que te responda defendiéndose en lugar de escucharte. Ya sabes que no es lo mismo escuchar para responder que para comprender. Hablar desde cómo te sientes permite expresar tus emociones, proteger tus límites y, al mismo tiempo, mantener el respeto hacia el otro.

No se trata de ganar la discusión, sino de poder seguir hablando.

Derechos asertivos: defendiendo mi propio espacio

Las personas tienen derecho a ser quienes son, a opinar y a expresar cómo se sienten, siempre desde el respeto hacia sí mismas y hacia los demás. Estos derechos son esenciales para construir relaciones sanas, y, sobre todo, para cuidar la más importante de todas: la relación contigo mismo.

Pero para poder ejercerlos, primero necesitamos conocerlos y aceptarlos.

Algunos de los derechos asertivos más importantes son:

1. Tienes derecho a equivocarte. Todos nos equivocamos y podemos corregir o aprender de nuestros errores.
2. Tienes derecho a decir «no» cuando lo necesites.
3. Tienes derecho a ser respetado, porque tu valor es igual de importante que el de los demás.

4. Tienes derecho a ser escuchado, porque tu voz es válida y tus opiniones importan.
5. Tienes derecho a pedir ayuda, porque todos necesitamos apoyo en algún momento. Pedir ayuda no te hace débil, sino que demuestra que te conoces, que valoras tu bienestar y que sabes cuidarte.
6. Tienes derecho a expresar tus opiniones y a hablar cuando algo te parece injusto.
7. Tienes derecho a no ser perfecto. Recuerda: ¡no eres un robot!
8. Tienes derecho a establecer límites, porque todos necesitamos protegernos y cuidar de nuestro bienestar.
9. Tienes derecho a no cargar con los problemas de los demás. Cada persona es responsable de su vida y de sus decisiones.
10. Tienes derecho a ser tratado con dignidad.
11. Tienes derecho a decidir sobre tu cuerpo, tu tiempo y tus pertenencias.
12. Tienes derecho a tener tus propias necesidades y a que sean tan importantes como las de los demás.
13. Tienes derecho a no adivinar ni anticiparte a los

deseos o necesidades de los demás, porque no puedes estar en la mente de todo el mundo.

14. Tienes derecho a descansar y a estar solo siempre que lo necesites.
15. Tienes derecho a interrumpir, pedir información y aclaraciones, porque tienes derecho a entender y participar en lo que se habla, sin quedarte callado por miedo o inseguridad.

Todos los derechos deben ser respetados. Pero ¿qué es realmente el respeto?

Se trata de una cualidad o valor que tiene quien es capaz de ver al otro como alguien diferente, con su propia forma de sentir, pensar y decidir.

Respetar no significa estar de acuerdo con todo lo que el otro piensa o hace. Tampoco implica aguantar cualquier cosa «por tener la fiesta en paz».

El respeto empieza por uno mismo, por tratarte con amabilidad, escuchar tus necesidades y reconocer tus límites. Porque cuando no te respetas, es fácil acabar cediendo demasiado, callando lo que te duele o permitiendo lo que no deberías.

Al igual que imponer tus opiniones o ideas no es respetar, cada persona tiene sus propios ritmos y heridas. Por eso, algo que a ti no te duele puede afectar profundamente a otra persona, y eso no lo hace menos real. Que no lo entiendas no significa que no puedas validarlo. Para que exista un vínculo sano tiene que haber respeto, porque solo así ambas partes pueden ser ellas mismas sin sentirse juzgadas ni invalidadas. Donde hay respeto, hay paz; donde falta, todo se desordena.

Respetar no es estar de acuerdo, sino aceptar sin intentar cambiar al otro.

Conocer cuáles son tus derechos también te ayuda a poner límites claros y, sobre todo, saludables. Porque empiezas a comprender hasta dónde estás dispuesto a llegar y cuándo necesitas protegerte. Cuando respetas tus derechos, aprendes a decir «no» si algo no te conviene, a pedir lo que necesitas y a no cargar con lo que no te corresponde.

Resistencia al cambio

Seguramente, al empezar a intentar poner límites, te cueste. Esto también significa cambiar patrones, porque, al fin y al cabo, es dejar de tolerar lo que antes sí tolerabas: la incomodidad de conocer a alguien y sentirte vulnerable, permitirle todo a tu pareja o a tus amigos, o no ir a sitios porque no te apetece y empezar a verbalizarlo. En definitiva, se trata de salir de tu zona de confort, o, mejor dicho, de tu zona familiar en la que siempre te habías sentido seguro.

Es como cuando le abres la puerta a un pájaro y, aun así, se queda dentro de la jaula. Es normal sentir miedo, sobre todo si tienes una gran necesidad de control, ya que se activa tu sistema de alerta y aparece la ansiedad o la incomodidad. Pero a veces sentirlo es necesario. Aprender a poner límites no es solo una cuestión mental, también corporal: tu cuerpo necesita sentirse a salvo para sostener el «no».

A veces, pasaste tanto tiempo normalizando el caos que ahora necesitas reeducar tu sistema nervioso y enseñarle que estar en calma no significa estar triste.

Es muy importante entender que este proceso requiere tiempo y paciencia, porque el cuerpo tiende a buscar lo conocido, aunque sea dañino. Las personas que han vivido constantemente bajo estrés tienden a normalizar esa sensación como su única realidad. Por eso, cuando intentas poner límites, puede que notes tensión, miedo o culpa. Es normal, estás desprogramando una respuesta aprendida. Con el tiempo, tu cuerpo empezará a asociar el respeto propio con la calma y ya no necesitará estar alerta para sentirse seguro.

Siempre que alguien me habla sobre el miedo al cambio me encanta contarle la siguiente metáfora.

Imagina un pájaro volando. ¿Crees que se detiene para analizar cada rama, para comprobar si tiene la resistencia suficiente para posarse? No. El pájaro simplemente se posa.

Y si la rama se rompe, confía en su capacidad de volver a volar.

Lo mismo ocurre contigo. Todos los cambios dan miedo, sobre todo los internos. Pero si miras hacia atrás, te darás cuenta de que ya has vivido cosas mucho más difíciles... y, aun así, aquí estás, siguiendo adelante.

Cada cambio es una rama, no siempre sabrás si sostendrá tu peso, pero siempre tienes la capacidad de levantarte y seguir volando.

Estrategias para decir «no» sin culpa y con confianza

Como un escudo que protege tu espacio, aprender a decir «no» con seguridad es una estrategia que fortalece tus relaciones y tu autocuidado. Sin embargo, muchas veces no nos enseñaron cómo hacerlo y, cuando queremos poner un límite, no tenemos las estrategias necesarias, no tanto para decirlo, sino para **mantenerlo**.

Por eso, me gustaría terminar explicando algunas estrategias para poner límites y mantenerlos de manera asertiva:

El sándwich

Imagina un sándwich. Si te pregunto qué lleva, seguramente dirás «pan» y luego lo que quieras poner dentro:

jamón, queso, lechuga, tomate... Lo importante es que tenga dos panes, porque con uno solo sería solo una tostada.

Esto es justo lo que sucede con la técnica del sándwich en comunicación. El pan de arriba y de abajo son mensajes positivos, y el relleno es el mensaje difícil que quieres transmitir.

Por ejemplo: Marta está cansada de siempre hacer los mismos planes y le gustaría algo más tranquilo, pero no sabe cómo decírselo a Lucía para no enfadarla. Entonces, usa la técnica del sándwich:

1. **Primer mensaje positivo (pan superior):** «Oye, Lucía, siempre me lo he pasado superbién contigo, tenemos muchísimos recuerdos y anécdotas que me encanta recordar».
2. **Mensaje difícil (relleno):** «Ahora mismo estoy en un momento de mi vida en el que necesito un poco más de calma. A lo mejor no quiero salir de fiesta todos los fines de semana».
3. **Segundo mensaje positivo (pan inferior):** «Pero eso no significa que no quiera quedar contigo; en

vez de salir fiesta, me apetece hacer otros planes juntas».

Si Marta solo dijera: «Lucía, no quiero salir de fiesta», el mensaje sería frío y podría generar conflicto. Pero al usar la ténica del sándwich, Lucía recibe la crítica dentro de un contexto positivo, lo que facilita la comprensión y la aceptación.

El banco de niebla

El banco de niebla consiste en escuchar y reflejar el punto de vista del otro, haciéndole sentir comprendido, sin necesariamente aceptar o ceder. La clave es transmitir comprensión y respeto, manteniendo tus propios límites.

Por ejemplo: Enrique no quiere ir al cine esta noche porque se ha hartado de trabajar y necesita descansar, pero a Alejandro le hace mucha ilusión. Por lo que, si Enrique aplica el banco de niebla, sería algo así: «Ale, sé que te hace muchísima ilusión esta película y me alegra mucho que te lo hayas pensado y lo hayas compartido conmigo. Pero, de verdad, si voy al cine hoy, me quedaré dormido y no disfrutaré de la película».

Por lo tanto, Enrique valida sus emociones, muestra empatía con su amigo y mantiene su límite.

El banco de niebla resulta útil en conflictos, negociaciones o cualquier situación en la que quieras mantener tu posición sin generar tensión ni resentimiento.

El disco rayado

Seguro que alguna vez has escuchado la expresión «eres como un disco rayado», es decir, cuando alguien se queda en un mismo tema y no para de repetirlo. Pues de esto va esta técnica: cuando alguien intenta que cambies de opinión o insiste mucho en lo que él quiere. La idea es repetir tu límite de manera calmada y firme, sin entrar en discusiones ni justificarte en exceso.

No se trata de ser agresivo, sino de reforzar tu decisión y protegerte, evitando entrar en manipulaciones.

Por ejemplo: David está en la oficina y hoy tiene muchísimo trabajo urgente. Eva necesita su ayuda porque no sabe hacer una tarea, pero David no puede atenderla de inmediato. A lo largo de la mañana, Eva insiste varias veces, intentando convencerlo de que la ayude.

David aplica la técnica del disco rayado y repite su límite de manera calmada y firme, diciendo: «Ahora estoy terminando tareas urgentes, cuando acabe te ayudaré». Cada vez que Eva insiste, David mantiene la misma respuesta: «Te entiendo, pero sigo con cosas urgentes que necesito terminar antes». No entra en discusiones ni se justifica en exceso; simplemente reafirma su decisión y protege su tiempo.

De esta manera, Eva comprende cuál es la posición de David y que no puede forzarlo, mientras que él mantiene sus límites sin sentirse culpable ni perder la calma. La clave del disco rayado es la constancia y la tranquilidad.

La técnica del aplazamiento

Se trata de posponer la respuesta cuando aparece un conflicto o cuando alguien te pregunta algo que en ese momento no sabes responder. La idea es tener tiempo para reflexionar y ver qué es lo que realmente quieres.

Por ejemplo: Raquel te invita a irte de viaje con ella justo el fin de semana en que cierra la oficina, y sabes que vas a estar hasta arriba de trabajo. En ese momento no sabes si aceptar, porque, por un lado, de verdad te apetece el viaje, pero, por otro, sabes que en el fondo necesitas descansar.

La técnica de la alternativa

Esta herramienta funciona cuando alguien te pide algo y, en ese momento, no te apetece ayudarla o no puedes, pero en otro momento no te importaría. En vez de rechazarlo desde un primer momento, se ofrecen varias alternativas para que ambos quedéis satisfechos.

Por ejemplo: imagina que tu madre te pide que vayáis a comprar comida al supermercado, porque no puede con todo, y tú en ese momento estás haciendo otra cosa. Entonces, le propones ir más tarde hoy o mañana por la mañana, cuando estés más libre.

De esta manera, mantienes tu límite y tu tiempo, pero al mismo tiempo tu madre se siente escuchada y considerada.

Anclar en el presente

Este método resulta útil cuando discutes con alguien y la conversación se desvía hacia cosas del pasado que todavía no te ha perdonado. Porque, si te lo hubiera perdonado, no te lo estaría echando en cara; cuando, como se suele decir, se abre el cajón de mierda.

Con esta respuesta, la idea es volver al presente y continuar. Muchas veces, cuando empezamos a sacar cosas del pasado, podemos sentir culpa o presión, y eso puede llevarnos a ceder injustamente.

Por ejemplo: Marina está discutiendo con su pareja, Fernando, porque hace tiempo él le prometió que se irían de viaje en su aniversario, y la fecha ya se acerca, pero no han organizado nada. Fernando le dice que ahora mismo no puede porque le resulta imposible faltar más al trabajo. Entonces, Marina le echa en cara que no ha guardado días y que no se siente importante.

Fernando empieza a decir que ella también ha prometido muchas cosas que al final no ha cumplido. En ese momento, Marina aplica la técnica de anclaje en el presente y le dice: «Eso no es lo que estábamos comentando».

Fernando sigue con el tema, así que Marina reafirma con calma: «Creo que nos estamos desviando de lo importante. Si quieres, eso lo hablamos en otro momento, pero ahora la cuestión es que hace dos meses me dijiste que nos íbamos de viaje y aún no lo hemos hecho».

De esta manera, Marina devuelve la conversación al presente y al tema principal, evitando entrar en culpas del pasado y protegiendo su punto de vista de manera asertiva.

El semáforo

Esta es una de mis técnicas favoritas, porque se la explico tanto a los niños como a los adultos y, la verdad, siempre resulta muy útil.

¿Qué colores tiene un semáforo? Rojo, amarillo y verde.

- Si está rojo, no podemos cruzar.
- Si está amarillo, depende de si viene un coche que podamos hacerlo.
- Si está verde, podemos cruzar con tranquilidad.

Esta técnica funciona de manera similar cuando nos enfadamos y surge un conflicto. Sentimos la emoción con mucha intensidad, como si nuestro cerebro racional dejara de actuar; por eso muchas veces decimos cosas de las que luego nos arrepentimos y no controlamos nuestros impulsos.

Lo que se trata con esta técnica es:

- Rojo: no puedes hablar con la persona. Lo recomendable es darte un tiempo para regularte; pasear, beber agua, escuchar música... En definitiva, hacer lo que te relaja hasta que te pongas en verde.
- Amarillo: conoce tu cuerpo y las señales de que te estás enfadando. Antes de llegar al rojo, intenta calmarte.
- Verde: cuando estés tranquilo y en control, ya puedes hablar con la persona de manera asertiva y efectiva.

La técnica del agotamiento verbal

Esta herramienta se utiliza cuando alguien te dice algo que no le gusta de ti, es decir, cuando te está criticando y notas que no se cansa de hacerlo, sino que sigue con el mismo tema.

Lo que tienes que hacer es intentar agotarlo, y esto lo consigues al responder de manera calmada con frases como:

- «Vale, ¿y qué más piensas de eso?».
- «De acuerdo, ¿algo más que me quieras decir sobre esto?».

Repites esto hasta que la otra persona se canse y cambie de tema o termine la conversación. De esta manera, proteges tus límites sin entrar en discusiones, evitas responder impulsivamente y mantienes la calma, demostrando que no vas a dejar que la crítica constante te desestabilice.

Ante esta técnica, y todas las anteriores, debes tener en cuenta una cosa muy importante: las relaciones personales siempre requieren de las dos partes.

¿Qué quiero decir con esto? Que hay una parte que está en tu mano, pero otra depende del otro. Y ya sabes que muchas veces las personas reaccionan según lo que sienten o piensan, no siempre de manera racional. Por eso, en ocasiones estas técnicas no es que no funcionen, sino que la otra persona no está reaccionando desde el presente, sino desde patrones o experiencias del pasado.

Para que lo entiendas con mayor facilidad: si tú te enfadas con alguien, puedes pedir perdón, pero está en su mano perdonarte o no. Lo mismo ocurre con las técnicas de asertividad, tú puedes aplicar tus herramientas y límites, pero no puedes controlar cómo reacciona la otra persona.

Acudir a terapia

Hemos llegado a la técnica más importante de todas. Si ves que tú solo no eres capaz de poner límites o que hay algo que te está generando malestar, lo primero que debes saber es que esto es un libro de autoayuda, pero jamás será capaz de sustituir una terapia. Cada caso es totalmente único y necesitamos a alguien que nos guíe. Lo siento, pero no nacemos sabiendo gestionar todo esto.

Cuando somos niños nos tienen que enseñar herramientas físicas, y lo mismo pasa con las emocionales. Si nuestros padres no las tienen o no saben cómo enseñarlas, no las aprenderemos por nuestra cuenta. Para eso está el psicólogo.

Sí, da miedo enfrentarse a lo que duele. Nunca va a ser agradable, pero a largo plazo es muy reconfortante. Y esto solo depende de ti y de que realmente quieras este cambio. Porque si vas al psicólogo y en el fondo no quieres cambiar o no estás preparado, no servirá de nada. Date cuenta de que nosotros intentamos ayudar, pero el que tiene que trabajar eres tú.

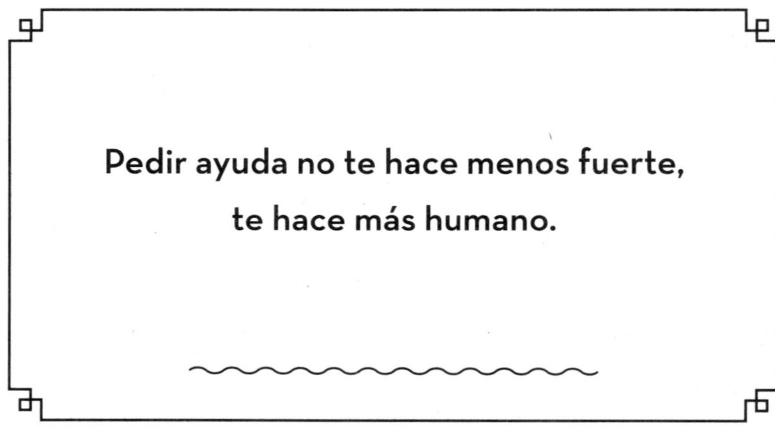

Pedir ayuda no te hace menos fuerte,
te hace más humano.

EPÍLOGO

Si has llegado hasta aquí es porque de verdad has querido mirar hacia dentro. Has hecho algo que muy pocas personas se atreven a hacer: cuestionarse y detenerse a escuchar lo que durante mucho tiempo han callado. Enhorabuena, eres muy valiente, porque no, no es un camino fácil ni divertido.

Espero que hayas podido identificar algunas de tus heridas, tus miedos, tus cualidades y, sobre todo, lo que estás dispuesto a tolerar o no. No puedes ser tú mismo si no te conoces y, si no sabes lo que vales, dependerás de quien te lo recuerde.

Sé que comprender tus heridas no las borrará; por eso aún queda un largo camino. Pero sí es cierto que permite reconocer cuál es su forma y su peso, y eso ya hace que puedas cambiar la manera en la que las llevas. Porque ya sabes que la mayoría de las cosas que pasan no dependen de ti, pero sí cómo reaccionas tú ante lo que te ocurre. Por eso, me gustaría que cuando algo te preocupe y no pares de darle vueltas, te preguntes si está en tu mano. Si es que sí, ¿qué puedes hacer para solucionarlo? Si, como te he comentado antes, una parte depende de otra persona, detente a reflexionar. ¿Has cumplido con la parte que te toca? Y, si no está en tu mano, que tampoco esté en tu cabeza.

Es importante que entiendas que haber recorrido este camino no significa que todo esté resuelto. Comprender no significa que hayas sanado, pero sí que hayas dado el primer paso para ello, que es identificarlo. Sanar es tener paciencia, constancia y mucho trabajo. Además, debes entender que el retroceso es parte del proceso y, muchas veces, si vamos hacia atrás es porque había algo que aún no se había detectado o necesitaba más tiempo, y no pasa nada, es totalmente normal. Yo siempre digo que el proceso es como los cochecitos infantiles de juguete: tenías que llevarlos hacia atrás para que fueran más rápido hacia delante.

Pero tampoco bajes la guardia solo porque te sientas un poco mejor. Se trata de aprender estrategias concretas que te ayuden a regularte, porque no a todo el mundo le sirve lo mismo. La vida siempre tendrá rachas difíciles, y eso es parte de su equilibrio; sin momentos complicados, no habría buenos.

Además, me gustaría transmitirte un mensaje que considero fundamental: que te hayan pasado cosas malas no significa que tú seas malo ni que te las merezcas. Simplemente pasan. No todo lo que te ha dolido ha sido consecuencia de tus actos; muchas veces tan solo te tocó vivirlo. Que te hayan herido no significa que seas tu herida. No dejes que eso te defina.

Sanar no es volver a ser quien eras antes de romperte, sino aprender a ser quien eres después.

AGRADECIMIENTOS

Quiero empezar haciendo todo lo contrario a lo que se supone que suele leerse en un apartado como este. Voy a agradecer a lo que no pasó, a lo que terminó. Principalmente a una cosa: gracias a que no me gustó la carrera de Magisterio, la cual había escogido por quedarme en lo conocido, en mi tierra. Gracias a mis padres, por ser quienes me dieron el empujón para empezar mi carrera y estar hoy donde estoy, por ser mis apoyos incondicionales.

A mi padre, por darme los mejores consejos, por escucharme y por interesarse siempre en cada cosa que le cuento, y, sobre todo, por transmitirme sus ganas de seguir creciendo, como él ha hecho siempre.

A mi madre, por su amor incondicional y por enseñarme a confiar en mí misma.

Por eso, si estáis pasando un momento de duda, ya sea en el trabajo, en los estudios o en algún proyecto que tengáis que realizar, y en el fondo sabéis lo que realmente os gusta, luchad por ello. No importa cuánto tiempo os cueste; si estáis convencidos, merece la pena dar ese paso. Porque, aunque penséis que es tarde, no lo es.

Y ya sabéis esa frase de: «Trabaja en lo que te gusta y no tendrás que trabajar ni un solo día». Pues eso es exactamente lo que me pasa a mí cada vez que venís a consulta, porque yo también crezco y aprendo en vuestro proceso.

Gracias a mi madrina, a mi tía Eu, por ser quien me enseñó esta profesión y por mostrarme la importancia que tiene y siempre ha tenido. Gracias por transmitirme pasión, paciencia y dedicación, y por inspirarme a crecer cada día en lo que hago.

La verdad es que tengo mucha suerte. Porque si tengo que agradecer a mi familia, no hay ningún miembro que quede fuera de ese agradecimiento. Ni los que han estado siempre, ni los que acaban de llegar. Y lo mejor es que, a pesar de la distancia, siempre ha sido como si los tuviera cerca.

Y cómo no voy a agradecerles también a mis amigos, después de todo lo que han tenido que aguantar. Aunque no lo creáis, cuando yo empecé con Instagram, fue simplemente un hobby. Pero no era yo la única que estaba detrás. Sobre todo, al principio, eran la base que me ayudaba a escribir, a hacer los vídeos y a grabarlos. En especial, gracias a mis amigas de y compañeras de piso, Barca y Belén, por aguantar los rotuladores, los folios y las frases escritas en cualquier rincón de la casa.

Gracias, Marco, por ser el hermano que nunca he tenido. Por ser el mejor profesor de matemáticas y estadística, por poder contar contigo las veinticuatro horas del día, los trescientos sesenta y cinco días del año, y por ser incondicional desde hace más de veinticuatro años.

Gracias, Rocío, porque dicen que los amigos son quienes más te escuchan y aconsejan, y yo tengo la suerte de que tú seas amiga y psicóloga de profesión.

Gracias, María, por haber estado en todas mis versiones.

Siempre he dicho que la familia que se escoge son los amigos, y yo no podría haber escogido mejores. Aunque no pueda nombraros a todos, me acuerdo de cada uno de vosotros, porque sabéis de quién hablo. Y cuando decís que estáis orgullosos, en realidad el orgullo es mío, por poder decir que cuento con los mejores tanto en casa, en Huelva, como en Madrid. Y, sobre todo, porque muchos de ellos son también compañeras de trabajo que, aunque ya no compartan equipo conmigo en lo laboral, siguen siendo mi equipo. Gracias por ser un refugio cuando ni yo misma creía en mí.

Pero, sobre todo, gracias a vosotros. A los que me leéis cada día detrás de la pantalla y a los que venís a consulta. Gracias por hacerme sentir que vale la pena todo el trabajo, día tras día. Porque, aunque no siempre lo leáis o lo veáis, yo sí os leo e intento contestaros cada vez que puedo. Porque, para mí, cada mensaje, cada historia y cada persona que confía en mí es lo que le da sentido a todo esto.

Mi canal se llama Creciendo Juntos porque sigo creciendo cada día con vosotros. La verdad es que, muchas veces, sois vosotros quienes me enseñáis mucho más a mí.

Gracias por haberte atrevido a mirar hacia dentro. Esto no acaba aquí; sigue contigo.

BIBLIOGRAFÍA

Bourbeau, L., *Las cinco heridas que impiden ser uno mismo,* Barcelona, Ediciones Obelisco, 2006.

Esclapez, M., *Tú eres tu lugar seguro: Haz las paces con tu pasado para reconectar contigo (y los que te rodean)*, Bruguera, 2022.

Merton, R. K., «The Self-Fulfilling Prophecy», *The Antioch Review*, vol. 8, n.º 2, pp. 193-210, 1948, < https://doi.org/10.2307/4609267>.

Neff, K. D., «Self-Compassion: An Alternative Conceptualization of a Healthy Attitude Toward Oneself», *Self and Identity*, vol. 2, n.º 2, pp. 85-101, 2003, <https://doi.org/10.1080/15298860309032>.

Noguchi, Y., *La ley del espejo*, Comanegra, 2006.

Núñez Pereira, C., y R R. Valcárcel, *Emocionario («Di lo que sientes»)*, Palabras Aladas, 2013.

Plutchik, R., *Emotions: A Psychoevolutionary Synthesis*, Harper & Row, 1980.

Thich Nhat Hanh, *El arte de cuidar a tu niño interior: Reencontrarse con uno mismo*, Paidós Ibérica, 2017.

Wolynn, M., *Este dolor no es mío: Identifica y resuelve los traumas familiares heredados*, Gaia, 2016.